世界の女が僕を待っている

WORLD SEX TRIP

JOJO
海外風俗ブロガー

イースト・プレス

ドイツ

デュッセルドルフ郊外のFKK「Golden Time」は地元民に大人気。

EUROPE

— ヨーロッパ —

ハンガリー

ブダペスト郊外の路上売春婦。

スペイン

フランスとの国境近くにある
ヨーロッパ最大の売春宿。

ベラルーシ

マッチングアプリで知
り合い付き合うことに
なった彼女が来日。

フランス

パリにあるブローニュの森。プ
ロの女性が客引きしてことに及
ぶため、使用済みのティッシュ
やコンドームが散乱。

沿ドニエストル

未承認国家で立ちんぼ
の集団を発見した現場。

ウクライナ

下着で料理してくれる出張エロマッサージ。

マダガスカル
ノシベで遊んだ女の子。

モザンビーク
テントに連れ込んだ女の子
とトラブルになった現場。

エチオピア
アディスアベバの繁華街の立ちんぼ。

AFRICA
—アフリカ—

南アフリカ
アフリカバーン会場入り口。
まわりは何もない砂漠。

NORTH CENTRAL AMERICA CARIBBEAN

―北中米カリブ海―

メキシコ

ティファナの赤線地区にある「香港バー」店内。

キューバ

男女で客引きする売春婦集団。

ドミニカ

ソスアの繁華街、昼間から援交目的の女の子が立っている。

アメリカ

バーニングマンの乱交ドームは行列ができていた。

フィリピン

港町プエルトガレラのゴーゴーバーで盛り上がる韓国人客たち。

ASIA

ーアジアー

マレーシア

クアラルンプールの廃墟のような建物の中に売春フードコートがある。

キルギス

ビシュケクで知り合い、部屋に転がり込んだドMな女の子。

中国

シルクロードのゴビ砂漠。
ここで青姦した。

インドネシア

ジャカルタの線路脇置屋。電車が向かって
きている。電飾が付いている小屋が置屋。

アゼルバイジャン

「結婚するまで処女でいる」と宣言
する派手な今時の女の子とデート。

ブルネイ

マレーシアとの国境で発見した風俗。

タイ

アプリで知り合ったバンコク
の「素人」レディーボーイ。

ブラジル

リオ・デ・ジャネイロのスラム置屋。道路に面したビリヤード台にいる上半身裸の売春婦。

コロンビア

メデジンのディスコで仲良くなった地元の若者グループ。

SOUTH AMERICA

—南米—

MIDDLE EAST

—中東—

イラン

ムスリム女子とカフェでデート。

エクアドル

海岸沿いの街サンビセンテのビアホール置屋入り口。

世界の女が僕を待っている

WORLD SEX TRIP

JOJO
海外風俗ブロガー

イースト・プレス

「海外風俗2・0」の新時代がやってきた

「人生このままでいいのか？」

世界中を旅しながら、海外の風俗を紹介するブログとYouTubeで生計を立てる僕は、アラサーだった当時、ブラック労働を強いられる会社員だった。残業が月に100時間、ひどい時には200時間を超える生活に体調を崩し、寝汗が止まらなくなり悪夢にうなされ、ストレスから過食と嘔吐を繰り返す摂食障害にもなった。

ある時、仕事をやめる決意をした。そこで頭に浮かんだのが、昔から憧れていた世界一周の旅だった。大好きなエロをテーマに世界一周して情報発信しよう。そう決めて以来、6年間にわたって世界中の風俗を巡り、時には現地女性と恋愛もしてきた。本書では、今までに旅してきた100か国を超える国で体験したことのなかから、印象に残った国や風俗、女の子との出会いのエピソードを選んで紹介している。

海外の風俗と聞くとネガティブなイメージをもつ人がいるだろう。下品な中年男性が集団で買春ツアーを開催し、東南アジアで幼女を買い漁るといったものだ。確かにそういう時代があった。これを「海外風俗1・0」とする。

現在、未成年の人身売買や売買春は多くの国で厳しく取り締まられている。完全になくなったと言える状況ではないが、全体としては健全化の道を進んでいる。ヨーロッパを中心とする先進国には、風俗が合法とされている国も多い。

インターネットの発展と共に、海外の情報に誰でも気軽にアクセスできるようになった。LCCが発展して航空券の値段は下がり、スマホで翻訳や地図の確認が簡単になり、GrabやUberといったタクシー配車アプリが登場し、10年20年前と比較にならないほど海外旅行のハードルは下がっている。

また、マッチングアプリを使った新しい形態の風俗も現れている。自ら積極的にビジネス展開する彼女たちからは、搾取される側の影はもはや感じられない。

一部の中年男性が口コミや雑誌の情報を頼りに買春ツアーに出かける海外風俗1・0の時代は終わった。タイのバンコクにあるナナプラザやテーメーカフェなどの有名スポットには、今や20代の若者が溢れている。世代を問わず誰でも気軽に海外旅行に行き、風俗で遊ぶ時代になった。僕はこれを「海外風俗2・0」と呼ぶ。

本書では、僕が体験してきた新時代の海外風俗を紹介する。

JOJO

27
28
29
30
31
32
33
34
35
36
37
38
北中米カリブ海
日本で知られていない
カリブの穴場でセックス三昧
27 アメリカ　29 メキシコ
28 キューバ　30 ドミニカ
南米
危険度マックス、ノリの良さと
セックスの満足度は世界一
31 ブラジル　35 アルゼンチン
32 コロンビア　36 ペルー
33 エクアドル　37 ボリビア
34 チリ　38 ベネズエラ
WORLD SEX TRIP MAP

ヨーロッパ
圧倒的美女率。
金髪と青姦して嫁候補にも出会った
1 ドイツ
2 スペイン
3 ウクライナ
4 沿ドニエストル
5 ベラルーシ
6 フランス
7 ハンガリー
8 チェコ
9 スロバキア
10 ルーマニア
11 モルドバ
12 オランダ
13 ベルギー
14 スイス
15 オーストリア
16 ポーランド
17 ブルガリア
18 ポルトガル
19 ロシア
中東
イスラム教×セックスは
タブーだがその実態は…
39 イラン　40 トルコ
アフリカ
実はオススメ。謎のベールに
包まれた黒人風俗を開拓
20 マダガスカル
21 エチオピア
22 モザンビーク
23 南アフリカ
24 スーダン
25 ソマリランド
26 スワジランド
（現エスワティニ）
アジア
ど定番。遊びのジャンルは世界一豊富。
マイナー国のレア風俗も調査
41 アゼルバイジャン
42 タイ
43 キルギス
44 インドネシア
45 フィリピン
46 ブルネイ
47 中国
48 マレーシア
49 マカオ
50 韓国
51 香港
52 シンガポール
53 カンボジア
54 ジョージア
55 パキスタン

※本書に出てくる金額やレートは旅行した当時（2014〜2019年）のもので、現在のものとは異なる場合があります。

CONTENTS

【アジア】

EUROPE

— ヨーロッパ —

WORLD SEX TRIP 1

ドイツ

100回以上通い詰めた世界最強風俗FKK

世界最強の風俗FKKとは

ドイツに男の楽園がある。

金髪美女が青空のもと全裸で闊歩し、誘惑してくる。裸を眺め、軽くボディタッチしながら会話を楽しむもよし、気に入ったら個室でセックスするもよし、天気がよければ庭で青姦するもよし。

エロをテーマに世界一周し、今までに100か国以上旅してきたが、これ以上の風俗を僕はまだ知らない。現時点で世界最強の風俗と考えているのがドイツのFKK《エフカーカー》だ。ドイツ語の「Frei Körper Kultur」の頭文字で、英語にすると「Free Body Culture」になる。

ドイツでは一般の健全なサウナにも「FKKゾーン」なるもの

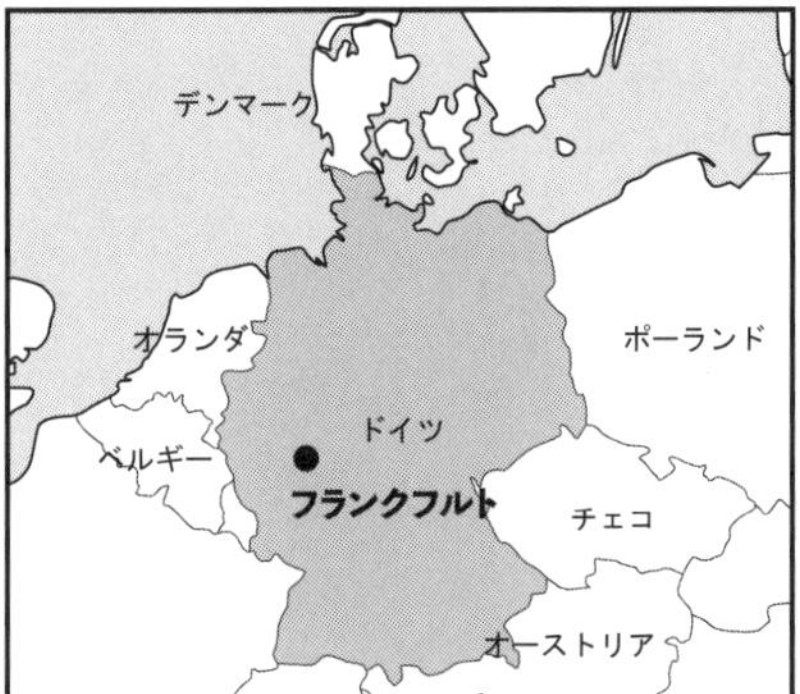

フランクフルトのFKK「Oase」の庭。裸の女の子と卓球することも可能。

があり、着衣が禁止されている男女混浴のエリアがある。このように、必ずしもFKK＝風俗を指すわけではないが、本書では「FKK＝ドイツの風俗」と定義する。

FKKの基本の作りはサウナだ。日本のスーパー銭湯を想像してほしい。スーパー銭湯にバーが併設されていて、そこに女の子がいる。彼女たちは下着姿かもしくは全裸。庭が付いていることも多く、野外で全裸の金髪美女を拝める風俗なんて世界中探してもなかなか見つからないだろう。施設内にはラブホのような個室がたくさんあり、そこで気に入った女の子とセックスできるようになっている。

FKKには女の子も客として入場料を支払っており、店内で個人的に売春している。入浴料を払って個室サウナに入り、そこに居合わせた女の子との自由恋愛という体《てい》で営業している、日本のソープランドと同じような形態だ。

ヨーロピアン女性が裸で大勢いる様子はまさに壮観。店舗によるが、広い庭、プール、テラス、ジャグジー、バー、レストラン、仮眠室などが併設されており、ゴージャスな施設で女の子と楽しむ一方で、ゆっくり過ごすことができる。

さらにFKKは合法。店舗は当局に登録しているため、安全に遊ぶことができる。ドイツの主要都市には必ずと言っていいほどあり、小さな店舗も含めるとドイツ国内に100店舗以上あると言われている。

風俗と聞くと薄暗いいかがわしい雰囲気を想像するだろう。昼間のFKKの庭は爽やかで、やましさのかけらもない。ドイツが産んだ世界遺産クラスの風俗。FKKを目当てに世界中から旅行者がやってくる。

初体験は10年前

はじめてFKKに行ったのは10年前に遡る。当時、サラリーマンだった僕は海外風俗なんてタイと中国くらいしか経験がなかった。ヨーロッパの出張が入りなんとなく検索してみると、ドイツには素晴らしい風俗があるという情報がヒットした。それがFKKだった。

はやる気持ちを抑え、ドイツでの仕事を片付けてフランクフルト市街地にあるFKKに向かった。そこは一軒家のような、ナイトクラブのような建物だった。

中に入ってバスローブに着替えてラウンジに入ると、金髪美女に出迎えられた。はじめて生で見る裸の金髪女性。誘われるがままに部屋に誘導され、まるで洋モノAVでも観ているかのような光景が目の前で繰り広げられた。今でもその光景を鮮明に覚えている。

それ以来FKKにハマった僕は、渡欧するたびにドイツに寄るようになった。

これまでに合計100回以上FKKに行っているが、そのなかでも最上級の美女と出会った日の話をする。

フランクフルト中央駅からトラムに揺られて30分ほどの場所にあるマインハッタンというFKKに着いたのは正午を少し回った頃だった。FKKは午前中から営業しているが、平日の真昼間だからか客も女の子もまばら。入場料金に含まれているブッフェで食事して、ソファーに腰掛けてブンデスリーガ（ドイツのプロサッカー）を眺めていると、女の子が営業にやってきた。

「ホェア・アー・ユー・フロム？」

「オー・ジャパン！　コンニチワアリガトウチンコマンコ」

人気FKKには日本人客が多いため、簡単な日本語の挨拶とお決まりの下ネタ単語を知っている。

好みの子がいなかったので適当にやり過ごし、喫煙ルームに入った。タバコをふかしていると、隣にスッと座ってきた嬢がいた。顔を見て驚いた。FKKで、いや、日本も含めた風俗遊びで、ここまで好みのタイプの嬢にお目にかかったことがなかった。

J「なんて美人なんだ……驚いたよ。どこの国から来たの？（What the hell how beautiful you are... I'm completely shocked. Where are you from?)」
嬢「ハンガリー」
J「君の国に行く予定だよ。君の国には君みたいな美女がたくさんいるの？（I'm planning to come to your country. Are there many beautiful girls like you in your country?)」
嬢「いいえ、私だけよ（No. Only me, hehe)」
質問への切り返しも完璧。一発で惚れた。会話の節々から頭の回転の速さが伝わる。ドイツで本業を持っていて、パートタイムでFKKに来ているとのことだった。決して差別したり見下すわけではないが、東南アジアをはじめとする発展途上国の風俗では、言葉の問題以前に会話にならない女の子が少なくない。もちろんFKKにも会話にならない子もいる。ただ、この美女のように、純粋に話しているだけで面白い女の子がFKKにはよくいる。

一緒にいた知人が「この子、ミランダ・カーに似てますね」と日本語で言うと、彼女はすぐに反応した。
嬢「日本人にはミランダ・カーに似てるって言われるわ（Yes, Japanese people say that I look like Miranda Kerr）」
よく言われるから「ミランダ・カー」だけ聞き取れたらしい。
J「いや、僕はそう思わないな。君のほうがミランダ・カーよりかわいいよ、本気でそう思う（No, I don't agree with that. I'm pretty much sure you're way prettier than Miranda Kerr）」
お世辞ではなく本気でそう思った。
嬢「なんてスイートなの！ ありがとう！（How sweet you are! Thanks!）」
J「日本人は君のことみんな好きでしょ？（I know that every single Japanese guy likes you. Am I right?）」
嬢「知ってるわよ（hehehe, I know that!）」
J「じゃあ日本の男をたくさん知ってるんだね（That means you know MANY JAPANESE GUYS）」
嬢「日本人だけじゃないわよ。部屋で私のこともっと知りたい？（Not only Japanese. Do you wanna know me more in a room?）」

こういう会話をできるのがFKKの良いところ。部屋に行くのは会話した瞬間から決めていた。

そして予想通り、彼女とのセックスは最高だった。甘い雰囲気で誘ってきても、部屋に入ると豹変して雑な対応になるケースはよくある。これだけ会話して自分が選んだ女の子が豹変したとしても、それは自分のせいだと納得できるのもFKKの良いところ。

とびきりの美女と楽しんで女の子へのチップはたったの50ユーロ（約6000円）。入場料と合わせても100ユーロ（約12000円）ほど。FKKが世界最強である理由がお分かりいただけただろうか？

女の子はほぼルーマニア出身

FKKにいる女の子のほとんどは出稼ぎの外国人女性。もっとも多いのはルーマニア人で、FKK嬢の7~8割を占める。その他、東欧系はハンガリー、ブルガリア、モルドバなど。ロシア、チェコ、ポーランドなどのスラブ系、イタリア、スペインなどのラテン系の女の子も少数いる。

なぜここまでルーマニア女性が多いのか。正確な理由は知らないが、ルーマニアでは国民の流出が問題になっている。経済成長しているが生活水準が改善せず、西ヨーロッパに移住するルーマニア人は多い。移住先として人気が高いのは北欧やドイツで、FKKに限らずドイツにはルーマニア人が多い。

「私たちは移住するのが苦にならないからよ」

FKKで働く女の子に尋ねると、そう答えが返ってきた。経済状況がよくないのは他の東欧諸国にも言えることだが、ルーマニア人のフットワークが軽いことも原因なのかもしれない。現在、FKKにドイツ人の若い女の子はほとんどいない。かつては女子大生が夏休みに短期アルバイトをしているようなケースもあったが、最近ではほとんど見かけない。

各FKKにいる女の子の数は、ざっくり30~50人ほど。小さな店舗では数人、大型店では100人を超える日もある。夢を壊すようだが、美女ばかりということはない。日本の風俗と同じで、幅広い年齢層と見た目の女の子がいる。

1発6000円

FKKの入場料は50~65ユーロであることが多い。ドリンク代が含まれているか、フリードリンクにビールが含まれているか、食事が含まれているかなど、店舗によって条件が多少異なる。女の子へのチップ（セックスの料金）は、基本的に30分50ユーロ。ただし、最近は50ユーロだとゴムフェラとゴム付き本番のみ、「もっと楽しいことしたかったら100ユーロね」と要求してくる嬢が多い。仕方ないことではあるが、観光やビジネスで来た慣れていない客は言われたままの金額を払ってしまうことが多く、女の子たちは楽して稼ぐ知恵をつけて来ている。

「50ユーロじゃ部屋に行かない」とはっきり拒否されることもあるが、OKな子もいる。値段を決める権利は女の子にあるが、例えば「1000ユーロ払うから10時間一緒にいる」などの条件で遊ぶことも可能。

僕は実際に、お気に入りの女の子と2時間くらい遊ぶことが頻繁にある。と言っても2時間ずっとセックスするわけではなく、だいたい一回したあとは部屋で話しながらだらだら一緒に過ごすだけ。交渉次第で自由に遊べる。

FKKのここが素晴らしい！

①裸を見ながら会話してから女の子を選べる

日本の風俗では写真指名が基本で、実物を見て指名できることはほぼない。FKKでは、ただ顔を見るだけでなく、裸を見て、会話して、場合によっては少し触れたりイチャイチャしてから選べる神サービス。ただし、調子に乗って触ってから断ると激怒される可能性があるので注意。

②金髪美女と青姦できる

気候が良い時期には、庭でセックスすることができる。緑に囲まれた広い庭で、風を感じながらヨーロピアン美女と青姦……。他人に覗かれる可能性もあるため、プライバシーが欲しい人は部屋のほうがおすすめ。

③セックスなしでも楽しめる

天気が良い日に広い庭で全裸でダラダラ過ごすのは最高に気持ち良い。ビールを飲みながら裸の美女を眺め、ブッフェで腹を満たして、ジャグジーやプールでゆったりと過ごす。美女の裸を見ているだけで満足できるタイプの人にとっては天国のような場所。僕自身、FKKに入っても何もせずに退店することもしばしば。

④翌朝まで滞在できる

基本的に営業は昼頃から翌日の早朝まで。一度入場料を払えば、営業時間中ずっと滞在することができる。仮眠スペースがあるので宿を取らずに滞在可能だが、早朝に追い出されるのでやや辛い。途中外出も可。

⑤飲み放題・食べ放題

入場料には食事と飲み物が含まれていて、基本的に食べ飲み放題。ビールが飲み放題の店もある。長時間滞在すると旅行中の食費が抑えられ、女の子にドリンクを奢る必要もないため、余計な出費がかからない。物価の安い東南アジアで豪遊するよりかえって安く遊べる。

⑥コストパフォーマンス抜群

翌朝までいられて、食べ放題・飲み放題、全裸のヨーロピアン美女と話して触って気に入ったらセックスして費用はトータル100ユーロ。日本の風俗で例えると、40～50分コースの料金くらいだろうか。

GERMANY

ドイツまとめ

危険度：★★☆☆☆☆☆☆☆☆

治安は日本とさほど変わらない。薬物中毒者や酔っ払いが集まる一部エリアを除いて、夜中でも治安を気にせずに歩いて問題ない。

美人度：★★★★★★★★☆☆

東欧を中心とした出稼ぎのヨーロッパ出身の子が多い。大型店にはアフリカ出身の黒人嬢やアジア人嬢もいる。

満足度：★★★★★★★★★★

女の子の見た目と数、料金、清潔さ、遊びやすさなどバランスが世界一。

衝撃度：★★★★★★★★★★

素っ裸の女性が青空の下をウロウロしてる姿は必見。

予算／オプション

○入場料 + プレイ 100 ユーロ～（約 12000 円～）

旅の気づきとポイント

売春が合法。薬物にも比較的寛容で、警察が巡回してるが、基本的になにもしない。薬物中毒者が集まるエリアを見て「アメリカだったら全員即逮捕だ」とアメリカ人が言っていた。人に迷惑をかけない限り社会は寛容。風俗は世界一だが、飯と観光はイマイチ。

WORLD SEX TRIP 2

スペイン

フランス国境にある 欧州最大と噂の売春地帯ラ・ジョンケラ

ど田舎にあるヨーロッパ最大の売春宿

「スペインとフランスの国境にある街ラ・ジョンケラ（La Jonquera、スペイン語読み：ラ・ホンケラ）に、ヨーロッパ最大の売春宿がある。その名はクラブ・パラダイス（Club Paradise）」

数年前にそんな話を聞いた。

ラ・ジョンケラはバルセロナから北に150キロほどいったところにある、フランスとの国境の街。いつか行ってみたいと思っていた僕は、バルセロナに滞在している間に行ってみることにした。ラ・ジョンケラはど田舎で、バスや電車の本数は少ない。レ

ンタカーを借りようとしたが、スペインの法律で国際免許証だけではなく「日本の免許が必要」とのことで断念。結局電車とバスを乗り継いで向かった。

○バルセロナ・サンツ駅（Sants）→フィゲレス駅（Figueres）：電車で約2時間
○フィゲレス→ラ・ジョンケラ：バスで約30分

バスは本数が少なく、週末は一日に3本しか走っていない。1時間待って来たバスに乗り込むと、本当に風俗地帯に向かっているのかと不安になるほどのどかな光景が広がっている。

30分ほどでラ・ジョンケラの中心地に到着。まずは宿探し。祝前日の影響なのか、ネットで探してもラ・ジョンケラの宿はほとんど空いてなかった。ダメ元でクラブ・パラダイスからいちばん近いホテルに入って聞いてみると、なんとネットでは満室表示だった部屋が空いていた。ツインの部屋で69ユーロ。部屋の窓からクラブ・パラダイスが見えている。

ラ・ジョンケラは車で来ることが前提になっている。ホテルや娯楽施設は密集してるわけではなく、大きな道路沿いにポツポツと点在。最大の目的であるクラブ・パラダイス近くの宿を取れてホッとした。

穴場発見

チェックインしてまずは情報収集することにした。なんせパラダイス以外の情報がまったくない。

ホテルのフロントでパラダイスの他におすすめはないか聞いてみると、「クラブ・レディース・ダラス（Club Lady's Dallas）」の名前が出た。地図を確認してみると、歩いて行けそうな距離だ。夜になるのを待って向かってみることにした。幹線道路を歩いて約1キロほど。真っ暗で歩いてる人は皆無。ガンガン飛ばしてくる車に轢かれそうで怖い。スマホのライトをつけて「人が歩いてますよアピール」しながら、とぼとぼ歩いていく。辺りが真っ暗なので星がやたらと綺麗に見える。いろんな国で遊んできたが、風俗探しに来て星が綺麗だなんて初めてだ。

10分ほどでレディース・ダラスに到着した。怪しい色のネオンがいかにもエロい店の雰囲気を醸し出す。

ラ・ジョンケラの「Club Paradise」カウンター。ここで支払いをしてから部屋に行く。

エントランスで15ユーロ払ってドリンクのチケットをもらう。中に入ると、お尻が見えそうなホットパンツや胸元全開のお姉さんが30人ほど。23時をまわっていたが、客は少なくてガラガラ。そのためか、女の子の営業がきつい。

「名前は？」「どこからきたの？」というよくあるテンプレ質問の後、すぐに部屋に行こうと誘ってくる。料金を確認すると20分75ユーロ。来たばっかりだからと断っても「なにしに来てるの？　セックスでしょ？」と食い下がる。

ＦＫＫでもトップクラスになれそうなスタイル抜群の美女が３人いた。でもここは我慢我慢。今日の本番はヨーロッパ最大の売春宿パラダイスだ。１杯だけ飲んで店を後にした。

立ちんぼを求めて深夜の街を彷徨う

レディース・ダラスを出て再び真っ暗な道を引き返した。ホテル近くまで戻ると24時をまわっている。ラ・ジョンケラには立ちんぼもたくさんいるとの噂だ。派手な格好で車相手に客引きしてる動画を見たことがあった。この時間帯なら見つかるはずだが、歩き回ってもまったく姿が見えない。脇道にひとりポツンと立っている女の子をようやく発見したが、遠目でわかるほど大きな身体だったので見なかったことにした。おかしい……もっといるはずだ。

高速道路沿いならいるかもしれないと考え、地図を見てホテルやガソリンスタンド、レストランが集まっているパーキングエリアに目をつけた。レディース・ダラスとは逆方向に約2キロ。タクシーもいないので歩く以外の選択肢がない。閑散とした道を30分ほど歩き、後少しのところで高速道路のゲートが現れた。どう見ても徒歩では通れない。なんてこった。働いている地元の人がいるので、おそらく高速に乗らずにパーキングに入れる小さな道はあるだろう。ただ、地図からは判断できなかったのと、真っ暗な深夜に抜け道を探してまわる気は起きず断念した。

仕方ない、パラダイスに向かおう。歩いてきた道を引き返す。諦めムードだったその時、車に話しかける立ちんぼの姿をようやく発見した。やった。場所はパラダイスのすぐ近く。おそらくパラダイスに行く客、帰る客を狙っている。

3人組でひとりはおばさん、ふたりは若かった。様子を見ながらゆっくり近寄ると、おばさんが話しかけてきた。40ユーロでゴムフェラとセックス。プレイする場所を聞くと駐車場を指差した。パラダイスが不発に終わったらここで遊ぶのもありか。後ろ髪を引かれつつ、お礼を言ってすぐ近くにあるパラダイスに向かった。

嘘つき女

念願のクラブ・パラダイスにやってきた。店の前は車がずらり。さすがヨーロッパ最大の売春施設。混んでるみたいだ。入場はレディース・ダラスと同じ15ユーロでワンドリンク付き。

中に入ると人で溢れかえっていた。すぐにルーマニア人の子に声をかけられ「私の友だち呼んで3Pしよう」と誘われた。ところが、料金を確認しようとしても、何回聞いてもまともに答えてくれない。

「部屋で話せるわ（We can talk in the room）」

「何をしたいかによって違うわ（Depends on what you want）」

部屋に行ってしまえば最後。ふっかけられるだろうし、その後、断ることはできない。適当にあしらって店の奥へ向かった。ここで気がついたが、この日のパラダイスは男性客だらけだった。それはそれはひどいレベルで、おそらく8〜9割は男。人気嬢は他の客に取られているのか、女の子のレベルもいまいち。夏の週末だからか、とんでもなく遊びにくい日にあたってしまった。

先ほどのルーマニア人嬢がまた話しかけてきた。

嬢「部屋行かないの？」

J「うん」

嬢「あと40分で閉店よ。はやく行きましょ」

この時点でまだ1時過ぎ。閉店には早すぎる。

J「本当にあと1時間で閉店なの？」

嬢「そうよ。あなたチャンス逃すわよ」

これだけ混雑して賑わっている売春宿が深夜2時に閉店するとは思えず、断った。すぐに近くのバーテンに確認してみると、閉店時間は5時だった。黙ってても引っ切りなしに新規の客がくる人気店がゆえに、平気で嘘をつく心ない女の子もいるんだろう。

期待が大きかっただけに、混雑ぶりにも女の子の対応にもがっかりしてしまった。ヨーロッパ最大の売春宿が聞いて呆れる。これならレディース・ダラスのほうが良いくらいだ。今から真っ暗な道を歩いて戻る気にはならないが。

この際、立ちんぼにしようか……。でもせっかくここまで来て立ちんぼってのも……。

全身整形コロンビア嬢

今夜のプランを練り直していると、嬢がやってきた。コロンビアのメデジン出身。メデジンは美女の産地として有名。旅をしてきたなかでも好きな街だったので会話が盛り上がった。ヨーロッパの他国と違ってスペインには南米から出稼ぎにくる女の子が多い。言葉が通じるからだ。

正直見た目は好みではなかったが、性格が良さそうなので遊んでみることにした。これ以上待っても男だらけの状況は改善しないだろう。

部屋に行く前に受付で75ユーロ支払った。これが部屋代とプレイ料金。地下には廊下沿いに部屋が並んでおり、雰囲気は簡易的なラブホ。特別綺麗ではないが、汚くもない。

「私はコロンビア人で正直者よ。嘘は絶対つかないわ」

先ほどのあからさまな嘘について愚痴をこぼしていると、彼女はそう言った。その言葉に嘘はなく、彼女のプレイは濃厚だった。

「コンドーム、これ使っていい?」

「日本のね! もちろんいいわよ!」

海外のコンドームは質が悪いので、いつも日本から持参している。同じように持参したコンドームを使う日本人は多い。彼女は知っている様子なので、パラダイスには日本人客も来るんだろう。

バックで腰を振っていると、不自然に膨らんだ尻がふと気になった。「大きな尻=セクシー」とされる南米では、尻にもシリコンを入れる習慣がある。彼女もおそらく入れている。顔はどうも整形してるような不自然さがあり、パンパンに張った胸はひどく硬い。全身整形だ。初めての尻シリコンの感触に違和感を覚えつつ、何とか発射にこぎつけた。


「ヨーロッパでも有名な売春地帯」

「最大の売春宿」

事前情報で期待が大きかった分、ラ・ジョンケラにはがっかりだった。百聞は一見にしかず。やはり自分の目で見てみないことには分からない。

SPAIN

スペインまとめ

危険度：★★★☆☆☆☆☆☆☆

観光客が集まる一部の地域はスリが多発しているため注意。バルセロナのランブラス通りで立ちんぼと歩いている時に、モロッコ人のスリに狙われた。

美人度：★★★★★★★★☆☆

高級置屋、ナイトクラブ、あるいはエスコートでしっかり情報収集するとハイレベルな女の子と遊べる。東欧の女の子に加えて南米出身の嬢が多い。

満足度：★★★★★★★★☆☆

性格が良くプレイも濃厚な南米出身の子が多いので満足度は高い。

衝撃度：★★★☆☆☆☆☆☆☆

のどかな国境の街が大きな売春地帯になっているのは面白いが、やや期待はずれ。

予算／オプション

○90ユーロ〜（約10800円〜）

旅の気づきとポイント

フランスでは売春が違法なため、ラ・ジョンケラにはフランス人客が多い。物価が全体的にスペインのほうが安いため、週末になると家族連れも多く、ラ・ジョンケラの大きなモールで買い物している。スペイン料理は美味しいし、バルセロナをはじめ観光資源も多い。観光、飯、セックスとすべてを楽しめる国。

WORLD SEX TRIP 3

ウクライナ

物価は東南アジア並み！
手作り料理も美女も食べられる裸クッキング

世界トップの美女大国

「どの国の女の子が一番かわいかった？」

世界一周後に何度も同じ質問を受けてきた。

いつも即答するのがウクライナとコロンビア。どちらの国にもモデルのような圧倒的美女が多い。街を歩いていて美女とすれ違い振り返る回数は、体感で他国の数倍。ウクライナで3か月間ノマド生活していたが、カフェでは仕事に集中することができなかった。その理由は、かわいい子が多すぎるから。冗談ではなく本当の話だ。

今やウクライナには世界中から男たちが美女との出会いを求め

て集まってくる。安宿で出会った若い男たちは、全員マッチングアプリを使っていた。

東南アジア並みの物価

現在のウクライナの物価は東南アジア並みに安い。例えば、安宿のドミトリーは500円〜。スーパーの食料品は爆安。例えば、以下すべて合わせて880円だった。

○白ワインフルボトル
○砂肝220グラム
○鶏モモ肉400グラム（骨つき）
○鶏胸肉480グラム
○牛乳900グラム
○米800グラム
○バナナ2本
○白菜

安い食堂なら一食200〜300円、おしゃれなレストランでも一品300〜500円ほど。外食は日本と比べるとざっくり1／3くらいの値段だ。ビールはスーパーなら60円〜、食堂なら80円、バーのクラフトビールでも150〜200円。

参考までに、2018年にノマド生活していた時の生活費を紹介する。

宿代（ちょっと良いドミトリー）：850円／1泊　1か月あたり26350円
食費：600円／1日　1か月あたり18000円（ほぼ自炊。たまに酒も買うので節約すればもっと安くできる）
交際費（外食・飲み会）：1回1000〜2000円
SIMカード：500円／1か月（ネット無制限）
ジム：1800円／1か月
プロテイン：1600円／1キロ

1か月の生活費はだいたい5、6万円。タイのバンコクでは1か月10万円は使っていたので、ウクライナがいかに安いかわかる。物価安はウクライナ国民にとって好ましくない状況だが、旅行者としてはありがたい限りだ。

出張エロマッサージの女の子は食べる時も下着姿。卵とトマト炒めを作ってくれた。

ウクライナ風俗の3つの特徴

①セックスできる店舗型の風俗はほとんどない

ウクライナ風俗を語る上でもっとも重要なのは、パッと出かけてサクッとセックスできる店が表向きにはほとんどないこと。そのため、最低限の英語やロシア語がわからなかったり、海外風俗に慣れてないとやや敷居が高い。

②セックスなしでOKならエロマッサージ・ストリップ

一方、ストリップやエロマッサージは街中にたくさんあるので、本番にこだわらない夜遊びは旅行者でも簡単にできる。ウクライナのエロマッサージとストリップ店内では、サービスは基本的に手コキまで。一部のエロマッサージでは本番も可能だが、店側に隠れて個人の交渉が必要になる場合がほとんど。セックスできない可能性も高い。どちらも本番がないライト風俗なので若くて見た目が良い女の子が多い傾向にある。特にストリップには超ハイレベルなウクライナ美女がたくさんいる。

③セックスは交渉必須

旅行者が簡単にセックスできる店が少ないため、女の子との交渉が必要になる。簡単に遊べる店も少数あるが、若くてかわいい子が少なかったり、実物を見て選べなかったりするため、満足いく相手を捕まえるのは難しい。そのため、個人交渉できると夜遊びの幅が広がる。経済状況が悪化しているウクライナにおいて、お金の威力は絶大。風俗嬢と一旦仲良くなってしまえば大抵のことは交渉できる。実際に僕は連絡先交換したマッサージの女の子から売春を持ちかけられた。

「あなたのキッチンで裸で料理します」

エロマッサージはどの国にもあるタイプの風俗で、内容は代わり映えしない。退屈なので僕はほとんど遊ばないが、キエフで体験したマッサージが抜群に面白かった。

いつものように情報収集している時にふと目に止まったウェブサイト。

「女の子があなたのキッチンで裸で料理します。忘れられない体験になるでしょう」

他の店と同じ普通のエロマッサージだが、女の子を自宅に派遣して料理を作ってもらい、その後エロマッサージで抜いてくれるというコースがある。そんなサービスは聞いたことがない。

早速店に連絡してみた。すぐに数名の女の子の写真が送られてきて、一番好みに近かったスレンダーなブロンドの女の子を指名。翌日は予約が一杯とのことで、翌々日にアポをとった。

予約したコースはもちろんエロクッキング。スタッフから「リラックスマッサージ30分（500フリヴニャ＝約2000円）を追加したらどうか」と勧められた。エロクッキングだと、料理してその後手コキしてもらうだけらしい。せっかく勧めてくれたので追加して、エロクッキングと合わせて料金は2000フリヴニャ。これに交通費の200フリヴニャを加えて合計金額は2200フリヴニャ（約8800円）になった。

さらに料理の内容を選べるようで、一番簡単そうなオムレツをリクエストした。料理の内容なんてどうでもいい。ただ裸で料理してる姿が見たいだけだ。材料はこちらで用意するか、女の子に買ってきてもらうこともできるらしい。こんなに楽しみな風俗は久しぶりだ。ワクワクしながら当日を待った。

美女がランジェリー姿で料理

約束の時間を5分ほど過ぎたところで、「女の子が到着した」と連絡が入った。民泊予約サイトのエアービーエヌビー（Airbnb）で借りていたアパートの下まで降りると、女の子の姿が見えた。

身長175cm、体重47kg。小さな顔、高身長、細身。そのままモデルで通りそうなスタイルの子がスマホ片手に立っていた。特別美人というわけでもなかったが、これだけのスタイルで顔まで綺麗な若い子がエロマッサージで仕事しないだろう。そもそも裸で料理してくれるだけで十分面白い。見た目は問わないと覚悟していた。性格も良さそうで、ずっとニコニコしていて英語力もまずまず。

「綺麗だね」と褒めると「もちろんよ。私ウクライナ人だし」と。インスタグラムやマッチングアプリが普及した今、ウクライナ人女性は自分たちが世界中の男から注目される特別な存在だと理解している。デートした女の子たちには、こういった高飛車なスタンスの子が多かった。実際綺麗なので文句はないのだが。

「私、キッチンになんか立たないのよ。今日が初めてだわ」

なんと、料理未経験。料理なんてしたくないのにマネージャーに頼まれて断れなかったと。服を脱いだ彼女は、下着姿で料理をはじめた。真っ白な下着がよく似合う。

なんていい眺めなんだ……。そしてややシュール。ワインを飲みながら下着で料理するスタイル抜群の金髪女子を眺める。最高だ。まじまじと見てるとだんだん面白くなってきてニヤついてしまう。

15分ほどで完成。皿に盛られたのはボソボソのスクランブルエッグ。YouTubeで勉強してきたと。リクエストしたのはオムレツだが、まぁ問題ない。

「ちょー美味しい！　本当にはじめてなの？　天才!?」

まったく美味しくなかったが残さず食べきった。

セックスは交渉

食事が終わると今度はマッサージ。全裸になったスタイル抜群の彼女をまじまじと見つめる。

マッサージはいわゆるオイルマッサージで、うつぶせからはじまって、仰向けになったところで股間を撫でながら彼女はこう言った。

嬢「フェラ好き？（Do you like blowjob?）」

J「大好き。してくれるの？（I love it. Can you?）」

嬢「うん。お金かかるけど（Yes. You have to pay though）」

J「いくら？（How much you want?）」

嬢「1500フリヴニャ（約6000円）」

基本コースに含まれているのは手コキまで。あとは彼女が個人的にオファーしている。

追加で6000円は正直高い。そもそもこのエロクッキングコースが6000円だ。

渋っていると、ギンギンになったモノを顔に近づけてこちらをじっと見つめてくる。ギリギリ触れないように股間の脇にキス。商売上手な女だ。それでも答えを渋っていると、馬乗りになって素股のような体勢で自分の股間をこすりつけてきた。

ここまで来たら断るのは至難の業。セックスの値段を聞くと、追加で200ドルだと。

嬢「コンドームもってる？（Do you have condom?）」

笑みを浮かべながら頬にギンギンのモノをスリつけている。

J「でも200ドルはないよ（But I don't have 200）」
嬢「じゃあ1000は？（What about 1000?）」
おかしい。桁が変わった。おそらく彼女は勘違いしていて、1500フリヴニャだったフェラがいつの間にか1000フリヴニャ（約4000円）にディスカウントされていた。フェラ1000フリヴニャで交渉成立。このように交渉しながら楽しむのがウクライナ風俗らしい。

連絡先を交換して

着替えが済んで帰ろうとする彼女に連絡先を聞いてみた。
嬢「なんで？」
J「また会いたいし」
嬢「えー……ダメ。マネージャーに怒られるし」
J「マネージャーがどうやって分かるの？　僕が言わなければバレないよ」
嬢「……そうね」
これで番号ゲット。女の子はとにかくお金を稼ぎたいので、安心して仕事できる固定客がいれば、向こうにとっても好都合。実際に後日、彼女のほうから何度も連絡がきた。このように気に入った女の子と個人的に仲良くなって遊べるようになると、ウクライナでの性生活がグンと良くなる。良いか悪いかは置いておくが、店を介さない分値段が安くなり、融通も効く。女の子は店にマージンを取られずに稼げてハッピー。ウクライナに行く機会があれば参考にしてほしい。

UKRAINE

ウクライナまとめ

危険度：★★☆☆☆☆☆☆☆☆

ウクライナの治安は良好。深夜に歩き回っても特に問題なし。英語はあまり通じないが、若者は多少話せる。

美人度：★★★★★★★★★★

ウクライナの街には美女が溢れているが、風俗となると話は別。エロマッサージや置屋の子のレベルは中の下～良くても中の上程度。ストリップ、高級エスコートには超絶美女が多数。

満足度：★★★★★★☆☆☆☆

本番にこだわらなければ初心者でも楽しめる。セックスに交渉が必要なのはやや面倒。

衝撃度：★★★★★★★★☆☆

金髪美女が下着姿で料理してくれる出張エロマッサージは衝撃。その他のストリップやエロマッサージは他国と同じ。

予算／オプション

○エロクッキング…1500 フリヴニャ～（約 6000 円～）

旅の気づきとポイント

経済状況が悪く給料が安いため、教養のある女の子がストリップで働いており、普通に話してるだけでも楽しい。とにかく物価が安く、特にレストランのコストパフォーマンスが良い。東南アジア以下の物価でヨーロッパの雰囲気を味わえる。

WORLD SEX TRIP 4

沿ドニエストル

未承認国家にも風俗はあるのか？

旧ソ連の超マイナー国

モルドバの首都キシナウからミニバスに揺られること1時間半。沿ドニエストル共和国の首都ティラスポリにやってきた。国際的には沿ドニエストル共和国はモルドバの一部とされており、国際機関やほとんどの国からは国家として承認されていない。いわゆる未承認国家だ。

世界一周旅をしているうちに観光に対する興味がすっかり薄れてしまったが、あまり人が行かない場所にはなぜか惹かれる。沿ドニエストルもそんな場所のひとつ。風俗について調べてみてもまともな情報は英語でさえほぼ見つからなかった。未承認国家で自分の足を使って風俗調査するのも悪くない。なかったらなかっ

たで構わない。

素人の女の子との出会いも視野に入れてマッチングアプリを試してみたが、ユーザーがほとんどいなかった。代わりに「カウチサーフィン（Couch Surfing）」という民泊アプリで2、3人の女の子にメッセージを入れておいた。カウチサーフィンは民泊以外にミートアップ、交流目的で外国人と会うためにも使われており、今回のようにマッチングアプリユーザーが少ない場所では出会い系のように使うこともある。

ティラスポリでの宿はエアビーで予約していた。旧ソ連らしいシンプルな団地の一室が一泊10ドルちょっと。物価は安い。

ミニバスの到着時間に合わせて、鉄道駅までエアビーのオーナーが車で迎えにきてくれた。

「よく来たね！　日本人ははじめてだよ」

ものすごく親切なオーナーで、次の目的地であるウクライナのオデッサ行きのバスのチケット購入も手伝ってくれた。人が親切なのは、観光客が来ない国あるある。沿ドニエストル共和国にもマニアックな旅人くらいしかやってこない。

カウチサーフィンでデート

部屋に向かう車の中で、沿ドニエストルの夜遊び事情について探りを入れてみた。

「うーん、分からないなぁ……。街の中心にバーがあるから、そこで聞いてみるといいよ」

手がかりは得た。部屋に着いてカウチサーフィンを開くと、連絡したうちのひとりからメッセージが届いていた。会えそうな雰囲気だ。

スーパーの両替所で沿ドニエストル・ルーブルをゲットして、街をぶらぶら歩いた。どんよりした天気で時折小雨が降っている。そのせいか、もともとそういう街なのか、中心部でも人はあまり出歩いていない。街はどこか閑散としている。一国の首都とはとても思えない。

カウチサーフィンの女の子からの返信を確認しようとスマホをみると、電波が入っていなかった。モルドバのSIMカードがそのまま使えると聞いていたが、電波が弱いらしい。かろうじて繋がることもあるが、ほとんどの時間は圏外だった。

カフェに入ってWi-Fiを繋げて、女の子と待ち合わせた。時間より少し遅れて待ち合わせ場所にやってきたのは、ロシア系のかわいらしい子だった。これはラッキーだ。そう思ったが、彼女の後ろに、女友だちひとりと男友だちひとりの姿があった。カウチサーフィンは基本的に国際交流が目的のツール。こういうパターンもある。

さらに、メッセージのやりとりから英語が流暢だと思っていたら、ロシア語しか話せなかった。コミュニケーションが取れない。グダグダな状況だが、ここは未承認国家。もう二度とない体験だと思って楽しむことにしよう。

幸い、彼女の男友だちが少しだけ英語を話せたので、通訳してもらいながらカフェでしばらくお茶した。

「Guest need help」

カウチサーフィンの子はこれ以上発展がなさそうなので早々に切り上げた。

もう一度ネットを開き風俗の口コミを細かく見ていくと、立ちんぼがいるらしいスポットがいくつかあった。すべて周ってみたが、案の定空振り。

最後に行った広場には女性がふたりベンチに腰掛けていた。少し派手めの服装で、もしかしたらと期待に

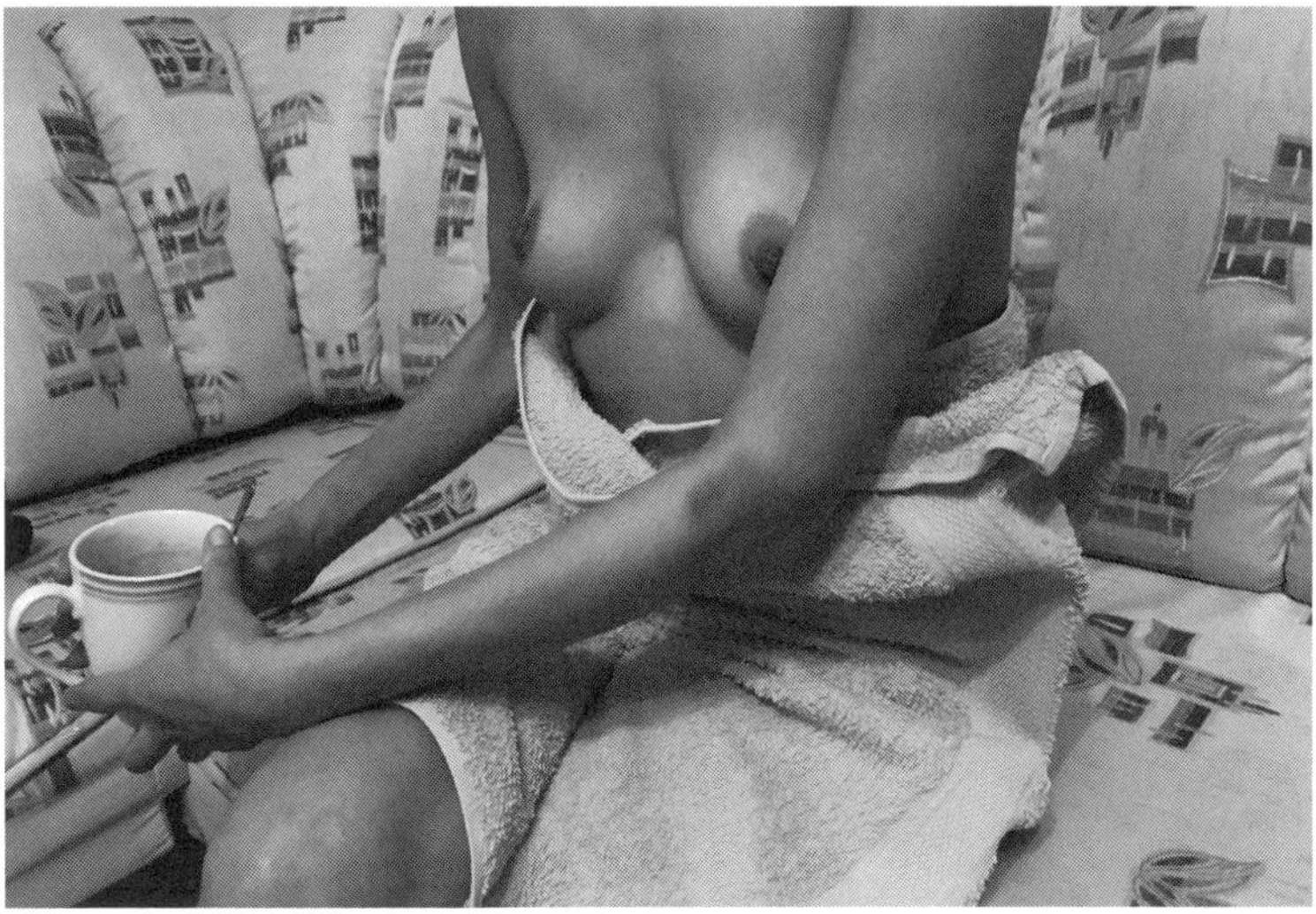

遊んだ女の子。やや崩れた体型に哀愁を感じる。

胸が高鳴った。

「ハロー」

「……」

「英語できる？」

首を振る。

「えっと、この辺に良いバーとかないかな？」

あっちいってよ。そんな声が聞こえてきそうなくらい素っ気ない態度だった。彼女たちがプロの女の子だったかどうかはわからない。ただ、そうじゃない可能性も十分あるので、いきなり「いくら？」と聞くことはできなかった。世間話でもして少し和んでからそれとなく聞こうと思ったが失敗。

タクシー運転手にでも聞き込みしようか。情報がない場所ではタクシー運転手は良い情報源になる。ただ、おそらくロシア語しか通じない。加えて、スマホの翻訳アプリも電波が悪くて使えない。面倒な展開が頭に浮かんで気乗りしなかった。

そうだ、部屋のオーナーに聞いたバーに行ってみよう。

街の中心にあるそのバーは、暗くて寂れた場末のバーといった雰囲気だった。

店主と思しき男が話しかけてきた。英語は話せないが、アジア人客が珍しいのかやけにフレンドリーだったので、翻訳アプリを使ってロシア語で相談してみることにした。

「こんなところで何をしてるんだ？」

「実はナイトライフのリサーチしてて」

「バーとかそんなのか？」

「いや、ちょっと違う。えーと、言いにくいんだけど、売春とか」

ニヤリと笑う店主。

「助けてくれないかな？」

「よし、わかった」

「いくらくらいするの？」

手持ちの現金が１００ドル（約１１０００円）分ほどしかない。

「１５０ドルだ」

「高いな。50ドルくらいであるって聞いたんだけど」

「うーん……心当たりはある。もしかしたらダメかもしれないけどいいか？」

「もちろんだよ」

「よし、今から行こう」

「え？　今から？」

店はまだ営業中だ。他にも数人客がいる。上着をとってきた店主はスタッフの女の子に声をかけ、こちらを向くと「行くぞ」と顎をクイッと動かした。

「本当にありがとう」

ロシア語でそう伝えると、スマホを見せてきた。

「Guest need help（ゲストは助けが必要だろ）」

翻訳アプリにそう書かれていた。最高かよ。なんて優しい男なんだ。この時点で沿ドニエストルという国を好きになっていた。

旅行者には絶対に分からない売春スポット

彼の車に乗り込み、心当たりがあるというスポットへ向かった。出発して2、3分で減速した。旧ソ連スタイルの団地の前の公園あたりでキョロキョロしている。

「いないか」

ここに女の子が立っていることがあるらしい。また少し車を走らせ停車した。車から降りると、店主は薬局のほうに歩いていった。後を追いかける。

そこはロシアホテルという名前のホテルの前。薬局の入り口に女性が数人立っていた。どう見ても一般女性が雑談しているようにしか見えない。店主は彼女たちに話しかけている。まさか、これが立ちんぼ？　知らないと絶対に気づくわけがない。彼はしっかり値段交渉までしてくれて、50ドルで話がついた。

女の子は3人いたが、彼女たちを取り仕切ってるらしいおばさんがひとりの名前を呼んだ。選ぶ権利はないらしい。30代後半、いや40くらいだろうか。少し年増だったが、この際、年齢なんてどうでもいい。未承認国家で風俗を体験することに意義がある。

手持ちの沿ドニエストル・ルーブルが足りなかったので、米ドルと混ぜておばさんに渡した。

さて、話はついた。場所はどうするんだろう。店主は車のほうに向かって歩き出し、女の子と僕は後をついていった。なんと、バーの店主は僕と女の子を乗せ、エアビーの部屋まで送ってくれた。なんでここまで親切にできるんだ。お金を要求するようなそぶりは一切ない。

「バーは何時までやってる？」

車を降りるときに聞いた。

「22時だ」

「OK。後で行く」

達成感のあるセックス

連れてきた女の子は年齢こそ高かったが愛想は良かった。寒かったのでお茶をいれてあげると、僕の膝の上に座ってきた。彼女がシャワーを浴びに行っている間にソファーベッドをベッドの形にしようと思ったが、やりかたが分からず面倒になってやめた。

電気を暗くした。明るい場所では見えすぎて気が散ってしまうことがある。戻ってきた彼女とソファーで交わった。日本のコンドームを使うことは拒否された。彼女が持っていた分厚いコンドームを使ったせいか、ソファーで安定した体位にできなかったからか、なかなかイクことができなかった。それでも彼女は挿入とフェラを繰り返し頑張ってくれてなんとか発射した。

「それちょうだい」

使うことを拒否したくせに日本のコンドームを持って帰りたがるのでおかしくなった。満足度の高いセックスではなかったが、こんなに達成感のあるセックスははじめてかもしれない。

海外で信用できる人間を見つける難しさ

彼女を見送ってバーに戻ると、店主はカウンターの中でタバコをふかしていた。ビールを注文して、ポケットから20ユーロ札を取り出して彼の前に差し出した。

「本当にありがとう。これ、チップ」

一度は要らないと断ったが、それでも渡そうとすると笑いながら受け取った。そこからまた翻訳アプリを使って会話した。彼が沿ドニエストルではなくウクライナ出身であること、ウクライナの風俗事情、僕の仕事のこと。

ブログを教えて欲しいと言われてURLを彼のスマホに入力すると、ロシア語に翻訳して読みはじめた。

「興味深いな（笑）」

翌日の夜もバーに飲みに行った。後からやってきた英語が達者な若い男を交えて、閉店まで店にいた。

つくづく運が良かった。見知らぬ国で信用できる人を探すのは難しい。風俗のポン引きなんて山ほどいるが、彼らは旅行者をお金としかみていない。今回のようなことを頼めば確実に少なくないマージンを抜かれていただろう。僕はバーの店主を信用した。親切そうだという印象もあったが、何より店を構えている彼が騙したりはしないだろうと思ったからだ。もちろん店を構えているから100％安全なんてことはないが。未承認国家でこんな素晴らしい体験をできるとは思ってもいなかった。

TRANSNISTRIA

沿ドニエストルまとめ

危険度：★★☆☆☆☆☆☆☆☆

沿ドニエストルの治安は良好。深夜に歩き回っても問題ないが、人がいなくてやや不気味。

美人度：★★★★★★★★★☆

民族構成はルーマニア（モルドバ）系、ウクライナ系、ロシア系。美女が多い。英語はほぼ通じない。

満足度：★★★★☆☆☆☆☆☆

未開の地で風俗を探すのは個人的に楽しかったが、万人にはまったくオススメしない。

衝撃度：★★★★★★★★☆☆

「こんな辺鄙なところにも風俗嬢がいるのか !?」という意味での衝撃。

予算／オプション

○立ちんぼ…50 ドル（約 5500 円）

旅の気づきとポイント

観光客がほぼいないため人がとても優しい。僕個人の体験では、買春旅行者にここまで優しくしてくれる国は沿ドニエストルとブルネイくらい（ブルネイについては後述）。何もないので、夜遊びはおろか、観光目的でも行く場所ではない。

WORLD SEX TRIP 5

ベラルーシ

閉ざされた未知の国で出会った嫁候補

スラブ系女子への憧れ

後に嫁候補と呼ぶようになり、来日までした彼女と出会ったのはベラルーシだった。

世界中の女の子と交わることを目的に旅しているが、風俗にだけ行っているわけではない。

2018年の東欧旅の最終目的地だったベラルーシで、僕はある目標をかかげていた。

「一度だけの関係ではなく、気が合う女の子と長期的な関係を築く」

この時の東欧の旅では、ポーランド、ウクライナ、モルドバ、沿ドニエストル共和国を周った。いずれの国もスラブ系で、街を

歩けばモデルさながらの美女がたくさんいる。

彼女でもセフレでもなんでもいい。とにかくスラブ系の女の子と良い関係を築きたい。

幸運にもウクライナとモルドバではナンパした女の子とセックスできた。でも、彼女たちとの関係は一度きり。長期的な関係につながるようなものではなかった。

そんななかで一番期待していたのがベラルーシだ。これといった観光スポットがないため、外国人が極端に少ないことに加えて、つい最近までビザの要件が厳しかったからだ。そんなベラルーシが、2018年7月にビザの要件を緩和し、日本人は空路に限ってビザなしで30日間滞在できるようになった。

僕がベラルーシを訪れたのは2018年10月。まだまだ観光客は少ない時期。どの国にも共通しているが、観光客が少ない国の人は外国人に馴れていない。そのため、外国人に優しく接してくれることが多い。日本でも都会の人に比べて田舎の人が優しいのと同じ理屈だ。ベラルーシ人もきっと優しいだろうと踏んでいた。外国人が少なければナンパのライバルも少ないはず。隣国のウクライナには観光客が押し寄せて、若い男たちはこぞってウクライナ美女と知り合おうとしているのを目の当たりにした。若いイケメン白人男子が大勢いるなかで、特に若くもない普通のアジア人の僕が簡単に勝てるわけがない。外国人が少ないベラルーシならチャンスはあるだろうと期待していた。

付き合っていた女の子と別れてから2年以上経つ。その間、気になる相手はできたが、いずれもうまくいかなかった。エロをテーマに世界を巡る一人旅。女の子と身体を重ねる機会は山ほどあるが、お金を介した関係を続けていると、心のつながりが欲しくなる瞬間がある。ちょうどそんな時期だった。

ひたすらネトナン

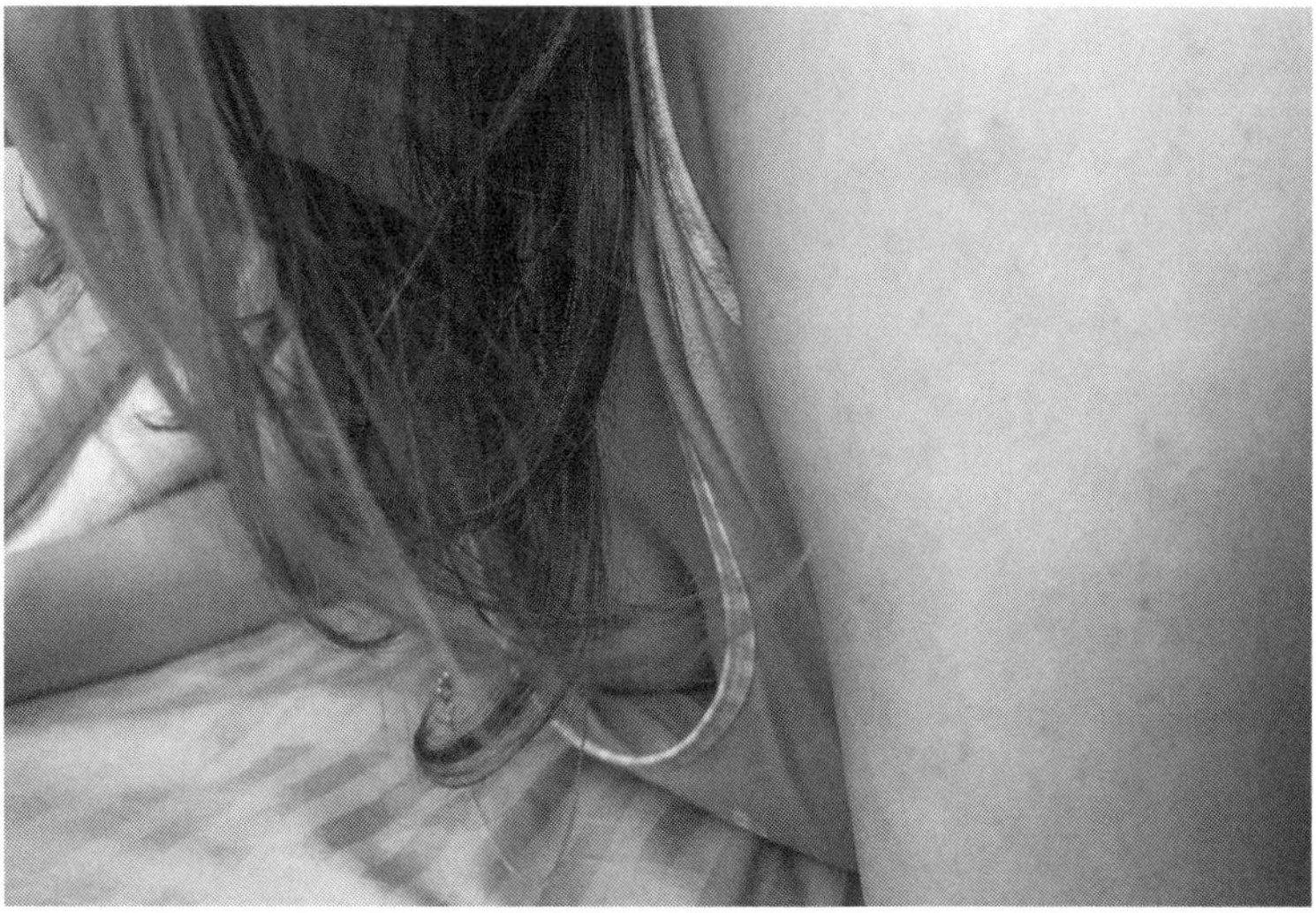

本気になってしまったベラルーシの彼女。

ベラルーシに着く前からネットナンパ（ネトナン）の仕込みをはじめた。課金しているティンダーで位置情報を首都ミンスクに設定し、2回ほどブースト（マッチを多く得るために自分のプロフィールを女の子のユーザーに優先表示させる有料機能）してみた。期待通り、ヨーロッパの他国に比べて明らかに反応が良い。道端で声をかけるストリートナンパも視野に入れていたが、ネトナンで十分手応えを感じた。アジア男が恋愛市場で戦うには、ヨーロッパは非常に厳しい。これまで訪れたいずれの国でも、手応えはまったくと言っていいほど感じられなかった。思ったとおり、ベラルーシではライバル（外国人）が少ないのがプラスに働いてるらしい。

人の優しさをすぐに実感した。英語ができない人も道を聞けば丁寧に教えてくれる。無視されたり、言葉が通じず無下に扱われたりすることがない。この国の人は優しい。世界中旅してきた直感がそう告げていた。

女の子とのアポが面白いように決まり、風俗調査そっちのけでネトナンに励んだ。ちなみに、ベラルーシの風俗はマッチングアプリを使った個人売春や、援助交際相手を探す男女が集まる高級なバーがある。

毎日違う子とデート

最初に会ったのは23歳の子。ブロンドのショートに色素の薄い真っ白な肌。華奢な身体。ボーイッシュだが、顔は超美人。アニメファンで日本大好き。英語は苦手だが、日本語が少しだけ分かる子だった。

「美味しい日本の家庭料理作ってあげるよ」

これで相手の家でのアポが決まり、家にお邪魔してシーシャを吸いながら一緒に飲んだ。これはイケる展開だろうと思ったが、残念ながらキス以上に進めなかった。

次に会ったのは、27歳、事務職の子。美人ではないが笑顔がかわいい。彼女の仕事の後に待ち合わせてカフェでお茶。愛嬌のある子だったが、英語の勉強がメインでティンダーを利用しているらしく、突破口を見出せなかった。手を握ることも部屋へ行くことの打診もできずに解散。悔しい。

翌日は昼間のアポ。

「ミンスクを案内してあげるわ」

そう言われてショッピングモールで待ち合わせた24歳、ＩＴ企業勤務の賢くて会話が楽しい子だった。彼氏がいるとのことで、手をつなぐ以上のことはＮＧ。

続いてまたランチデート。広告代理店勤務の29歳。英語が上手で美人。会話も弾んでその後の展開を期待したが、ちょうど仕事が忙しい時期で海外出張が控えていたため、直近で夜に会うのは難しいと言われてしまった。タイミングが悪い。

その日の夜に会ったのは27歳の女の子。ドイツに留学経験があるらしく英語が流暢だった。

「カラオケに行ってみたいわ」

軽く食事してから、彼女が調べてくれたカラオケ店に向かった。ヨーロッパのカラオケは日本のような個室ではなく、薄暗いバーにカラオケが設置されている。歌いたい客が順番にマイクを回していくスタイルだ。はじめてのカラオケを楽しんでいる様子で、暗い空間で距離も近かったこともあり良い雰囲気になった。

店を出たタイミングで手をつないだ。さすがにこれはお持ち帰りできるだろう。そう思っていたが、部屋に誘うとまさかの拒否。そして別れ際には彼女のほうからディープキス。なんなんだ……。嫌がられてる感じもしないし、またすぐに会えるだろう。そう思っていたが、しばらく連絡はなかった。

こうして毎日違う女の子と会い続けた。実際にヨーロッパでティンダーをやれば分かるが、40手前のアジア男が女の子とガンガン会うのは非常に難しい。ベラルーシはそれだけ弱者にも優しい国ということだ。

嫁候補

後に僕が「嫁候補」と呼ぶようになる彼女との出会いはティンダーだった。ヨーロッパでLikeしてくる女の子は、率直に言うと、かわいくない、細くない、年齢が高い、のいずれか、もしくは複数該当がほとんど。だからこそ彼女は目を引いた。会計士の32歳。目の彫りが深い綺麗系の顔立ち。スタイルも良さそうだ。プロフィールには「ワンナイトや遊び目的はお断り」というお決まりのメッセージが書かれていた。

メッセージを送ってみると最初から反応が良かった。

「あなたすごくハンサムね」

ヨーロッパでこんなメッセージが来るのは僕にとっては珍しい。

「ベラルーシで他の女の子に会った？」と聞かれたり、とにかく食いつきが抜群に良かった。会うことを提案すると、すんなりOKをもらえた。

小雨が降るなか、小走りで待ち合わせ場所に向かった。バーに着いたのは待ち合わせ時間から5分後。

「中で待ってるわ。青い服よ」

メッセージが入っている。店に入って見渡すと、角のテーブルに青い服の女の子がひとりで座っていた。写真よりも綺麗だった。

「ごめん、アパートのエレベーターが全然来なくて」

「私もいま来たところだし大丈夫よ」

「良かった。こっちに座っていい？　正面だとテーブル大きくて距離遠いから」

4人用のテーブルだったが、正面ではなく彼女の隣に座った。

「こっちのほうが近くで話せていいでしょ？　変かな？」

「大丈夫よ」

言語化できないが、今までベラルーシで会ってきた子とは明らかに違うなにかを彼女の表情から感じた。

「ミンスクに来て何日目？　どこ観たの？」

いつも聞かれて答えに困る質問。バックパッカースタイルで世界一周しているときは、昼間は普通に観光していた。今は完全にエロだけが目的の旅。観光には一切興味がないので、新しい街に行ってもいわゆる観光スポットに行くことはほとんどない。

「なにも観てないよ。昼間は部屋で仕事してるから」

「え？　じゃあ何しにベラルーシに来たの？」

「なんとなく。観光よりもベラルーシ人が普段どんな生活してるかとか、そういうほうが興味あるんだよね」

本当の目的を言えるわけないので、適当にはぐらかす。

「ねぇ。私の他にも女の子と会ったんでしょ？　どうだった？」

「内緒（笑）」

「やだ！　教えて。ちょっとだけでいいからお願い！」

「ちょっとお茶しただけだよ。1時間くらいお茶して帰った。それだけ」

「本当にそれだけなの？」

悪くない反応。話題を変えて彼女の恋愛歴について聞いてみた。彼氏は2年ほどいないらしい。

「へ〜。もったいないね。こんなに綺麗なのに。元彼はどんな人だったの？」

「まぁ、それはいいじゃない」

急に歯切れが悪くなった。良い思い出じゃないのかもしれない。

「ロシア語はわかる？」

「えーと、ひとつだけ知ってるよ。Ты как ангел（= You are like an angel）」

「なにそれ、誰に習ったの（笑）」

笑いながらも嬉しそう。ベラルーシに来る前に寄った沿ドニエストル共和国のバーにいた男に、ロシア語で女の子を口説くセリフを教えてくれと頼んで習ったフレーズだ。

「あなた変わってるわね。日本人ってもっとシャイなのかと思ってたわ」

海外に長くいる生活のなかで、英語で話すときは本来の自分以上に明るく社交的に振る舞う癖がついている。日本人同士のように、雰囲気を察する文化は海外にはない。相手に興味があるなら思い切りその気持ちを表現しないと伝わらない。会話は弾み、何を話しても彼女は終始楽しそうにしていた。注文した料理を食べるのも忘れて話に夢中になった。

元彼はアジア人

話題が再び過去の恋愛歴になった。元彼については話したくなさそうな様子だったが、時間をあけて聞いてみると少しずつ話してくれた。彼女の元彼は中国系のシンガポール人だった。なぜ僕の見た目が彼女に刺さったのか、納得がいった。元彼はアジアでビジネス展開していて、年に数回ベラルーシに来ていた。どのように知り合って恋愛関係になったのかはわからない。仕事関係とだけ彼女は説明した。別れた理由は「彼が子どもを欲しがったから」だった。

「子ども、欲しくなかったの？」

「そうじゃないの。子どもは欲しいけど結婚はしないって言われたの」

僕も彼女も口にはしなかったが、もしかしたらシンガポールに家庭があったのかもしれない。

「仕方ないのよ。彼の欲しいものと私の欲しいものが違ったから」

きっと結婚したかったんだろう。言葉にしなかったがそう感じた。それ以来、彼女は誰とも恋愛していない。

「元彼と別れてからそれだけ長い期間なにもなくて、恋愛したくならないの？」

「ならなかったわ。心の準備ができてなかったから」

相当好きだったようだ。

「でも、今ならできるかも」

僕の目を見て微笑みながらそう言った。

店内でキス

　気がつくとキスしていた。最初は頬にキスして、そのままハグ。細い腕が身体に巻きついてくる。ギュッと腕に力を入れ強く抱きしめ、身体を少し離して彼女の顔を見つめた。緑ともグレーとも薄い茶色ともとれる、綺麗な色の瞳。

「目の色すっごい綺麗だね。交換してよ（笑）」

「なにそれ（笑）。あなたの黒い目も綺麗よ」

　口元に顔を近づけると、顔を少し背けられた。ちょっと急ぎすぎたかな……。ただ、それは拒絶する行動ではなく、好意的な態度はそれまでと変わらなかった。これなら問題ない。彼女がキスを受け入れるまでにさほど時間はかからなかった。

　イチャイチャしているうちにあっという間に時間が過ぎていった。会ってから2時間以上経ち、距離はグッと近づいた。

「僕のアパートに行こう」

「え？　ダメよ」

「世界中旅行したときの綺麗な写真があるんだ。それを見に来なよ」

「ダメ。スマホに入ってないの？」

「うん、ない」

　嘘をついた。

「写真を見に来るだけだよ？」

「はじめて会った人の家には行けないわ」

すんなり来ると思ったが、そうはいかないらしい。でも問題ない。断っているのは、僕のことが嫌だからという理由ではない。

「OK。はじめて会った人の家に行けないか。その気持ちはわかるよ」

コクリと頷く彼女。

「でも、今君は心の中ではもっと一緒にいたいと思ってるよね？」

絶対にそう思っている自信があったので強気に出た。

「来たいと思ってるならその心に従おうよ」

「……NO」

心が揺れているのが見てとれる。

「じゃあこういうのはどうかな。もし明日死んだらどうする？　今日一緒に来なかったことを後悔しない？」

クスクス笑う彼女。

「ね？　後悔するでしょ。部屋に来たくなった？（笑）」

「やっぱり今日はダメ」

話題を変えてしばらく会話して、少し時間が経ったところでまた部屋に誘ったが、最後まで彼女の姿勢は変わらなかった。意思が固い女は嫌いじゃない。

「あなたってメッセージのままね」

おそらくチャラいと言いたいんだろう。この時はメッセージのやりとりの段階で、男女の関係を求めていることをなるべく伝えるようにしていた。それでも会いに来るなら、少なくとも多少の興味はあるわけで、可能性がない女に無駄な時間を使うことはなくなる。

「私、そろそろ行かなくちゃ」

時計を見ると23時をまわっていた。ミンスクの街は静かだ。特に天気が悪い寒い日には人があまり出歩かない。バーの外に人気《ひとけ》はほとんどなかった。霧雨でモヤがかかった視界。オレンジ色の街灯に照らされて、旧ソ連調の味気ない建物が浮かび上がる。

メトロで帰るという彼女を駅まで送った。駅までは歩いて5分ほどの距離。歩いている途中、道端で立ち止まってキスした。

「寒いね」

「あなた、こんな薄いジャケットしかもってないの?」

「こんなに寒くなるまでヨーロッパにいると思ってなかったからね。あったためてよ(笑)」

暖かそうなウールのコートに身を包んだ彼女は僕を抱きしめた。通行人が時折横を通り抜けるのを気にかけることなく、何度も立ち止まってはキスをした。この夜、彼女は最後まで部屋に来ることはなかった。

決戦は金曜日

ミンスク滞在は残り2夜しかなかった。焦りがなかったといえば嘘になる。翌日も誘ったが、仕事で遅くなると断られた。

彼女と再会したのはミンスク滞在最終夜だった。金曜の夜で、翌日仕事は休み。決戦は金曜日。ドリカムの歌詞が頭にちらついた。また外で会ってもいいが、部屋に行く行かないの押し問答になるのは面倒だ。できれば直接家に連れてきたい。

「日本食好きって言ってたよね？　日本からもってきた調味料があるから、明日の夜部屋で作ろうと思うんだけど、どうかな？」

「本当？　食べたいわ」

作戦成功。食べ物で釣れた。釣れたというと聞こえが悪いかもしれないが、「ベラルーシではあまり食べられない和食を作ってもらう」のは彼女にとって家に行くことの「言い訳」として十分。こうして金曜の夜に部屋に来ることになった。

仕事が終わるのを待って市場で待ち合わせた。野外に野菜がゴロゴロ並んでいる地元民向けの市場。少し遅れて彼女はやってきた。会うなりすぐに抱き合ってそのままキス。大丈夫。まだ熱は冷めてない。手をつないで一緒に市場で買い物した。ローカルな市場にアジア男と地元ベラルーシ女のカップル。市場のおばちゃんたちの目には一体どう映っているんだろう。

買い物を終え、近くのスーパーでワインを買って部屋に向かった。約束通り、日本食を作ってあげた。

「これは何をしてるの？」

「その調味料はなに？」

「あとで絶対レシピ送ってね」

料理好きらしく、次々に質問が飛んでくる。楽しそうにしている彼女を見るのは悪くない気分だった。

彼女の頬が赤くなっている。ワインボトルはとっくに空になっていた。

パソコンを開いて旅の写真を見せた。ヨーロッパしか旅行したことがない彼女は南米やアフリカの写真を食い入るように見つめ「これはどこ？」「これはどういうシチュエーション？」といろいろ聞いてくる。

写真がひと段落したタイミングで彼女を抱き寄せてキスをした。

「電気消して」

ベッド脇の小さなライトだけつけて、服をすべて脱がせる。スレンダーながら巨乳で腰がくびれた女性らしい曲線。綺麗な身体だ。彼女の反応はとても控えめで、はじめから最後まで大きな声をあげることなく、息を漏らすくらいだった。

(彼女曰く)久しぶりのセックスだったようなので、痛くないように最大限気を遣った。身体の満足だけで言えば、正直そんなに気持ちの良いセックスではなかった。でもなぜか嬉しかった。身体ではなく心の充足を感じたからだ。こんな気持ちになるのは久しぶりだった。

ベラルーシに残りたい

脱力して寝ている彼女を横目に、キッチンでお茶を淹れた。11月のベラルーシは寒い。この夜の気温は0℃だった。寒い地域によくあるが、ベラルーシでも暖房システムがしっかりしていて、部屋の中はすごく暖かくなっている。裸でいても余裕なくらい。

「ロシア語教えてよ」

中央アジアを旅していたときにロシア語の勉強をはじめたが、途中で挫折し放置してしまっていた。発音表をネットで検索して、ロシア語のアルファベットの正しい発音をひとつひとつ丁寧に教えてもらった。

何度やってもうまく発音できないものがふたつあった。「ж」と「ы」。日本語で無理やり書くと「じ」と「うぃ」。彼女と同じように発音しているつもりだが、微妙に違うらしい。何度発音しても笑いながら首を横に振っていた。打算的だが、このまま関係を続ければロシア語があっという間に上達するだろうと思った。新しい言語を学ぶ最短の方法はその言語を話す恋人を作ることだ。

「本当はあなたにロシア語は教えたくないんだけど」

「なんで？」

「だって、他の女の子と仲良くなるのに使うでしょ？」

「ハハハ。君が好きだよ」

質問の答えを誤魔化そうとしたわけではなく、自然に出てきた言葉だった。思ってもいないのにセックスしたいがために「I like you」と言うことはよくあったが、この時は心からそう思った。

気がつくと、もう明け方4時。眠りについたが、彼女は眠れないのか、時々起きてはトイレに行ったり抱きついてきたりするのを感じた。

すぐに朝がきた。ベラルーシを出国する日だ。

「眠れた？」

「一睡もできなかったわ」

彼女は几帳面な性格だ。昨晩料理してる間に、散らかっているベッドを綺麗に直したり、洋服を畳んだりしてくれた。他人の家で寝るのが気になって眠れなかったのかもしれない。

「大丈夫。私、今日休みだし。あなたが行った後寝るわ」

起きがけに二度目のセックスをした。少し積極的になった彼女は、昨夜は恥ずかしいから嫌だと断った騎乗位もしてくれた。外の光が差し込んで明るくなった部屋の中で見る彼女の身体は、昨日より綺麗だった。

料理の残りを食べてパッキングしていると、チェックアウトの時間になった。

「あなたのフライト何時だっけ？」

「18時30分だよ」

「それなら出発までまだ時間あるわね。私の部屋に来たら？」

その辺のカフェで時間を潰そうと考えていたが、もう少し一緒にいられるみたいだ。タクシーで家に向かった。彼女はミンスクの郊外に住んでいた。新興住宅地のようで、綺麗なアパートが並んでいる。

「20分くらい待ってもらっていい？　散らかってるから片付けたいの」

恥ずかしそうな様子が女の子らしくてかわいい。アパートの下で部屋を片付けるのを待った。帰国直前にミンスク郊外のアパートの前に佇む自分。不思議な感覚だ。

準備ができて中に入ると、綺麗でお洒落な部屋だった。借りていたエアビーのソビエトスタイルの古いアパートとは大違い。

Uberで調べると空港までは45分。16時に出発すれば十分間に合う。

「行きたくないな」

「行かせたくないわ」

くっつきながら話しているうちに、離れたくない気持ちがどんどん強くなっていった。航空券を捨ててしまおうか。そうすればもっと一緒にいられる。でもそれをやってしまうとベラルーシを出るタイミングを失う。ベラルーシに残ったらどうなるだろう。きっとこのまま付き合うことになる。彼女と一緒にベラルーシで過ごすのか？　それなりに幸せな日々かもしれない。お金さえ払えばビザなんてどうにでもなりそうな国だ。このまま一緒にいれば、きっと彼女のことももっと好きになる。

問題は僕の仕事。今はエロブログで生計を立てている。とてもじゃないが話して理解してもらえる内容ではない。隠したまま付き合うのか？　もしバレたら？　傷つけるに決まってる。以前に付き合っていた子にブログがバレて、ひどく傷つけてしまったことがある。また同じことを繰り返すのか？　別々に暮らしていればバレずに済むかもしれない。でも、もし一緒に暮らすことになったらどうだろう？　隠し続けるのはきっと難しい。いつかバレる。そして彼女を傷つける。短い時間でいろんなことを考えた。

そしてもうひとつ。ベラルーシから向かうバンコクで５日後に編集協力した本の出版イベントの予定が入っていた。航空券の破棄・変更は現実的じゃない。でも２、３日遅らせるなら仕事にも間に合うし……。思考は堂々巡りになっていた。

最後にもう一度……

出発の10分前。

「もう時間ね」

嫌だ。まだ行きたくない。

「30分遅らせるよ。16時半に出れば17時15分に空港。出発の１時間15分前なら大丈夫でしょ」

これで残された時間は40分。

彼女がキスしてきた。ねっとりとした本気のキス。自分から求めてくるのははじめてだった。最後にもう一度セックスしたいってことだ。彼女の部屋にはカーテンがない。周りの家から部屋の中が丸見えの状態。

「外から見えてるけど大丈夫？」

ここに住んでいるのは彼女。後で気まずい思いをさせたくない。

「大丈夫よ。こうすれば」

ブランケットに潜りこんだ。暖房で温まった部屋でブランケットに潜るとすごく暑い。汗だくになりながら最後のセックスをした。昨晩から数えて３度目。最後のセックスという状況がそうさせたのか、積極的になった彼女に興奮が高まったからか、すぐにイッてしまった。

ベッドに横になると、首元に顔をうずめてきた。息を深く吸い込んでいる。

「あなたの匂いを覚えてたいの」

頭、おでこ、脇、首筋、耳の後ろと、目を閉じながら僕の匂いを嗅いでいた。

ふと時計をみると、16時27分。

「もう時間だ。行かなきゃ」

ベッドから出て急いで服を着て荷物をまとめた。シーツを身体に巻いた彼女は、沈んだ表情を浮かべて立ち尽くしている。

Uberでタクシーを呼んだ。待ち時間は3分。別れの時がきた。

「君と過ごして本当に楽しかった。君に会えてよかったよ。君のおかげで、この国を大好きになった」

彼女のおかげで本当にベラルーシが好きになった。100%本音だ。

「ありがとう。私も楽しかったわ」

「えーと……待っててくれとは言わない。でも、また近いうちに会える……よね?」

「いつ?」

「わからない。ごめん……約束はできないんだ」

口ではなんとでも言える。でも嘘をつきたくなかった。

彼女の目には涙が浮かんでいた。

「もし飛行機に乗り遅れたらここに戻ってきてね。今晩は私がベラルーシ料理作るから」

涙目で無理やり笑顔を作る彼女を見ていると、こっちまで泣きそうになる。

最後に強く抱きあって別れた。

タクシーに乗り込んで空港へ向かう途中、このまま渋滞にでも巻き込まれて間に合わなければいいのにと思った。たった2回会って一晩一緒に過ごしただけの関係でこんな気持ちになっていることを、おかしいと感じるかもしれない。でも本当に行きたくなかったし、彼女も同じように思っていたはずだ。

僕の心は満たされた。彼女の心も満たされただろう。でもそれは短いひと時のこと。それにどんな意味があったのか？ 答えはわからない。ベラルーシには必ずまた来たいし、彼女ともっと長い時間過ごしたくもあった。結婚でもしてベラルーシに住んでしまおうか。冗談ではなくそう考えたりもした。遠距離恋愛が難しいことはこれまでの経験から十分分かってる。きっとすぐに冷めてしまうだろう。僕たちがミンスクで一緒に過ごした時間は短すぎた。そう思っていた。

その後

ベラルーシを離れてからも彼女とは連絡をとっていた。ただそれは、これまで旅で出会ってきた他の子と同じように、時折食べ物や風景の写真を送ったり、「I miss you」と互いに繰り返すだけのメッセージだった。

トラブルがあって彼女は仕事をやめたらしい。

「東京に来たら？」

軽い気持ちで言ってみた。ミンスクからの飛行機を調べてみると往復で7万円の安いチケットがあったので、そのことも伝えた。

「行きたい」

そう返事が来た。

「本当に？」

「うん」

信じられない。すぐにビザの要件を調べて伝えると、大使館のアポイントが取れたと連絡があった。冗談だと思っていたが、本気で来るみたいだ。ほどなくしてビザの承認が下りた。東京にくることが決まったのだ。その日が待ち遠しかった。

来日

東京駅から成田空港に向かうバスでフライトレーダーを見ると、彼女は予定通りに着陸しそうだ。ゲートでそわそわしながら出てくるのを待つ。アエロフロート（ロシアの航空会社）のクルーに続いて、深いキャップをかぶった彼女が出てきた。

人目を憚らず抱きしめてキスした。飛行機で眠れなかったようで疲れた様子だった。ミンスクで一緒に過ごした夜も眠れていなかったのを思い出して懐かしくなった。バスで東京駅に戻りながら近況を話し合った。と言っても最近は頻繁に連絡していたので特に新しい話題もない。ただ一緒にいられることが嬉しかった。

部屋に着いてシャワー浴びるとすぐにセックスした。これでもかというほど互いの身体を舐めまくり積極的に求め合った。まどろんでいるとあっという間に夜になり、この日はそのまま寝てしまった。

翌日、一緒に昼飯を食べて、片付けないといけない仕事があったのでひとりで出かけてもらうことにした。スマホのネットは繋がるし、グーグルマップを使えば複雑な東京のメトロも問題ないだろう。そう思っていたが、どうも戸惑っている様子の彼女。使い方が分からないようだ。考えてみると、ミンスクにはメトロが2路線だけでマップを使う必要もない。経路検索を含めて使い方を一通り教えたが、いまいちピンときてない様子。まぁ、なにかあれば連絡してくるだろう。家に帰って仕事しながら途中で何度か確認の連絡を入れた。

「浜離宮散歩してる！　綺麗！」

よしよし。大丈夫そうだ。

夕方メッセージが届いた。

「Pick me up, please… ○△ station, D2 …if i switch on my gps…my phone will be died」

慌てて迎えに行った。ＧＰＳを使いすぎてバッテリーの減りが早かったんだろう。明日からはモバイルバッテリーを持たせよう。帰りにスーパーで刺身と日本酒を買って夕食にするとすごく喜んでくれた。

違和感

「I kiss you next 4 days」

来日翌日から生理になったらしい。「Kiss you」の意味が分からなかったが、口でしてくれるという意味だった。正直そこまでがっついてないが、ありがたくしてもらうことにした。

翌日もひとりで出かけてもらった。案内してあげたかったが片付けないといけない仕事が詰まっていた。今日はモバイルバッテリーも持たせたし、問題ないだろう。夜になってとうとしてしまい、気がつくとメッセージが届いていた。

「どうやってドア開けたらいいの？」

連絡があったのは20分前だ。

マンションのエントランスの開け方が分からなかったに違いない。すぐに電話したが繋がらない。慌てて下に降りるとエントランスの横に立っていた。

「あなた、私のこと待ってないのね」

怒ってる。

「いやいや、ベル鳴らしてよ」

「やり方がわからない」

「来た時に見せたでしょ？」

「部屋の番号がわからない」

「家族に教えなきゃって言われて住所教えたよね？　メッセージの履歴に残ってるでしょ？」

バツの悪そうな顔で苦笑いする彼女。そもそも分からなかったらメッセージだけじゃなくて電話してくれたらよかったのに。他の住人が入ってくる時に一緒に入ってくるとか、分からなければやり方を聞くとか、いくらでもやりようがあるのに。言いたいことはいろいろあったが、これ以上言っても仕方ないのでやめた。今思えば些細なことだが、違和感を感じた。言葉を選ばずに言うと、頭が悪いと思ってしまった。気まずい空気が流れた。

アダルトショップ

翌日はじめて一緒に出かけた。行き先は谷中銀座。古い商店街に昔からある店と新しくできた観光客向けの店が融合して、外国人に人気のスポットだ。酒を片手に海鮮串やらコロッケやら惣菜を食べ歩きした。

そのまま歩いて上野へ向かい、上野公園を散歩した。

「桜は？」

「あと2、3か月後かな」

どうしても桜を見たいらしく、花を見るたびに、これは桜か、と聞いてくる。

アメ横にある立ち食い寿司に入ってみた。生魚を食べない外国人は多いが、彼女はまったく抵抗がなかった。

「ベラルーシの寿司と全然違うわ」

驚いた様子の彼女。海外、特にヨーロッパの寿司屋は大抵マグロ、えび、サーモンあたりを中心とした限られたネタしか置いてない。驚くのも無理はない。

腹ごなしにそのまま秋葉原まで歩いた。メイド服で路上に立つ女の子を不思議そうに見ているので説明してあげると訝しげに眺めていた。秋葉原に連れてきたのはオタク文化を見せるためではない。「エムズ」に連れてきたかったのだ。

「なにここすごい……」

感嘆の声を漏らすのも当然。エムズほど大規模なアダルトグッズ店を他に知らない。地下1階から地上6階までエロで埋め尽くされたエロタワーは、おそらく日本一じゃないだろうか。外国人客が思ったより多いので、ガイドブックか何かに載っているのかもしれない。店の中はポップな雰囲気で、アダルトショップ特有の入りにくさ、居心地の悪さを一切感じない。

「なんか買おうよ」

「ほんと？」

「うん、買ってあげるから」

「それなら日本ぽいのがいいわ」

隅から隅までチェックして、日本らしいメイド服と外国人らしいエロい全身タイツを選んだ。部屋に帰ってさっそく着替えてもらうと、どちらもよく似合った。メリハリのある身体、長い脚。スタイルが良くて素晴らしい。あまりによかったので、生理中なのにタオルを敷いてセックスしてしまった。

温泉旅行

温泉に連れていってあげることにした。目指すは北関東某所。東京駅で予約したバスを待つ。

「遅れてるお客様がおりますので、もう少々お待ちください」

出発時間を過ぎても待ってくれる日本のバスは優しい。容赦なく出発するのが海外でのスタンダードだ。道中は静かなものだとばかり思っていたが、意外にも乗客のおしゃべりがうるさかった。温泉地行きのバスでみんな遊びにいくからかテンションが高かった。

車内ではロシア語を教えてもらった。ベラルーシにいた時にも教えてもらったが、何度やってもЫとЖが発音できない。彼女の発音をリピートするたびに笑われる。

予約した旅館は小規模で静かな雰囲気だった。若いカップルが多い。チェックイン時間がまだだったので、荷物を預けて散策した。

昭和の雰囲気漂う寂れた温泉街。人気の温泉地はあえて避けたので人が少なくて静かなのが良い。チェックインを済ませ、すぐに貸切風呂に向かった。小さな露天風呂が3つほどあって、貸切で使える。もちろん彼女ははじめての温泉だ。裸で風呂に入るのに少し抵抗を示していたが、すぐに慣れた様子だった。白人女子と温泉のミスマッチが妙にエロい。楽しくなって写真をたくさん撮ってしまう。

食事は部屋食を頼んだ。部屋で食事するのは旅館特有だし、彼女に日本的なサービスを味わってもらいたかった。楽しそうにしてる彼女を見てると幸せな気持ちになった。

すれ違い

旅館には2泊した。中日は旅館に置いてあった漫画を読んだり仕事したり、風呂に入ったりダラダラと過ごした。ロシア語の勉強も続けてした。誰かに何かを教えてもらうとき、特に語学については極力メモを取るようにしている。聞き慣れない海外の言葉なんてすぐに忘れてしまうからだ。日本が好きだ、日本語を覚えたい、と言う割に、彼女は何度教えても一切メモを取ろうとしなかった。だからすぐに忘れてしまう。この頃から「これは日本語で□△って言うんだよ」と教えてあげるのをやめた。

「私に疲れてない？」

東京に戻るバスの車内でそう聞かれた。態度に出てしまっていたのかもしれない。心配してる様子だった。

「東京戻ったらどこか行きたいとこある？」

行きたいところに連れていってあげようと思った。

「私がいないほうがいいのね。わかった。どこか行くわ」

勘違いしたらしい。そんなことないよ、と言いながらため息が出てしまった。帰りに薬局に寄りたいと言われて付き合った。温泉旅行前に既に3時間ほどは薬局で通訳させられていた。

「なにが欲しい？　ロシア語で調べてくれたら探してあげるから」

そう言っても特に欲しいものがあるわけではなく、箱を手にとって眺め、これはなにに効くのか、成分はなんなのかと延々聞いてくる。日本語は読めるがパックや化粧品の違いなんてわからない。

「あなたがいないと、なんて書いてあるかわからない」

確かにそうかもしれないが、「私に疲れてないか？」「邪魔したくない」と口では言いつつも、遠慮なく時間を使うことに違和感を覚えていた。この日も結局1時間半ほど薬局に突っ立っていた。

わざわざベラルーシから来てるんだ。したいようにさせてあげよう。何度も自分に言い聞かせた。帰りにスーパーで買い物した。彼女は何か作りたい様子だった。当時ダイエット中だった僕は、脂が多いものは避けていた。ジムに行くので食事のタイミングが合わないこともある。彼女はひとりでジョージア料理を作って食べていた。

「ジム行ってくるね」

「おやすみ」

彼女が寝てから深夜にジムに出かけた。帰ってきてから冷めたジョージア料理を温めて食べた。冷たくても美味しくて、やっぱり一緒に食べれば良かったと思った。

翌朝、ＳＩＭカードの調子が悪いから見てくれと頼まれた。確認するとデータ通信ができなくなっていた。画面表示はロシア語。スマホのメーカーが違うため操作方法がわからない。英語の説明書も付いてるのに自分では見ようともしない。少し時間はかかったがあれこれいじってるとなんとか直った。面倒くさそうなオーラが出ているのを悟ってイライラしたのか、彼女はお礼も言わずに出て行ってしまった。

夕方渋谷で待ち合わせした。ハチ公で待ち合わせたが、辿り着けずＳＯＳの電話がきたので、メトロの改札まで迎えにいった。小腹が空いていたので、人ごみを掻き分けてセンター街の元気寿司に入った。回転寿司はもちろんはじめて。隣の若い日本人カップルはハンバーグやら唐揚げやらポテトを食べている。タッチパネルを操作して自動的に運ばれてくる寿司に感動している様子がかわいかった。

この日も、デパートの化粧品、１００均、ドンキホーテと４、５時間たっぷり買い物に付き合った。

最終夜

帰国前日。実質この日が最終日。

ここのところなんとなく気まずい雰囲気だったが、朝からくっついてきた。これが最後になるかもしれないと思いながらセックスした。終わった後になるとクンクン身体の匂いを嗅がれた。

「なんで？」

「わからない。覚えてたいから」

ベラルーシを出る直前にも同じように匂いを嗅いでいたのを思い出す。

お土産に日本酒を買いたいと言うので、近所の酒屋で選んであげた。純米吟醸とワンカップ大関を持たせて味を比べてみるように言った。

この日は新宿で買い物に付き合った。伊勢丹のデパ地下に感動していたので、いつも安いスーパーにしか連れていってあげなかったことを申し訳なく思った。

買い物を終えて居酒屋に入った。激安居酒屋の一軒め酒場。

「おいしいおいしい」と嬉しそうにしてる。

白人女子、しかも旅行者の場合、こういう激安店でも日本のローカルな雰囲気を楽しんでくれるので楽だ。

家に帰ってパッキングする彼女。いよいよ帰国だ。

「あなたの好きな日本の曲を流して」

酔っ払って歌を口ずさんでいると、カラオケに行きたいと言い出した。近所に一軒だけカラオケがあるのを思い出した。飲んで歌って最後の夜を楽しんだ。

「今度はミンスクに来てね」

明け方、目を覚ますと出発の準備はできていた。

二日酔いでだるい身体を起こして時計を見ると出発の1時間前。昨日と同じように彼女はくっついてきて、馬乗りになってきた。これが本当に最後のセックスだ。これまでずっとコンドームをしてきたが、この時はそのまままたがってきた。少しも触れてないのにするっと入り、「そのまま出して」と言われるままに彼女の中で果てた。

バスで一緒に成田空港に向かった。空港に着いてから荷物の重量を測ると重すぎたようで、何やら出し入れしながら調整している。

「楽しかった。ありがとう来てくれて」

途中面倒になって冷たくしてしまったことを悔やんだ。今さら遅いけど。彼女の目には涙が浮かんでいた。

出発ゲートの前で抱き合ってキスした。

「今度はミンスクに来てね。また私の家に泊まって」

「うん、必ず行くよ」

なんとなく、これで最後になる気がした。荷物の検査を終えて、パスポートチェックのフロアに降りていく彼女が見えなくなるまで見送った。

現在

こうして彼女と別れた。思い返してみれば楽しい日々だった。特に温泉への小旅行。喜んでくれたことはもちろん、タイムスリップしたような昭和の匂いがする街を白人女子と一緒に歩く違和感がたまらなく面白かった。また、以前から思っていたことだが、綺麗な白人女子と一緒にいると周囲からの視線をやたらと感じた。自意識過剰だと思うかもしれないが、実際に歩いてみればそれが事実だと分かる。テレビや雑誌でハーフがもてはやされていることからも、日本人の白人に対する無意識の憧れは明らかだ。

一方で、彼女と長時間一緒に過ごすのをきついと感じることもあった。そんなことも対処できないのか、なんでこうしないんだ、と引いてしまう場面が多々あった。

世界一周中に、特定の女の子と数か月間一緒に旅したことが何度かある。旅中なので基本的に24時間一緒。結婚や同棲している間柄であっても、毎日24時間ずっと一緒にいることなんてほとんどない。どちらかが仕事に出かけて、夜~朝までと休日に一緒に過ごすことが多いだろう。一緒に旅した子たちのことは好きだったし、居心地が良いからこそそれだけ一緒にいられたのだが、時間が経つに連れて、些細なことでイライラすることが増えていった。そして数か月経った頃には耐えられなくなり、一人旅に戻りたくなった。

誰かと長時間一緒に過ごすのは難しい。まったく違う文化で育ってきた彼女と過ごしてみて、改めてそう思った。愛があれば乗り越えられるとはよく言うけれど、彼女に対してそこまでの愛情があるかと言われると、即答できない自分がいる。慣れない環境にいたことをもっと配慮してあげるべきだったと反省はしているが。

帰国後も時々メッセージのやりとりをしている。

「今度はミンスクに来てね」

コロナ問題が起こる前にはそんな話をしていた。僕の部屋には彼女が忘れていった洋服とお土産がまだ残っている。果たしてこの物語にまだ続きはあるのか。答えはまだわからない。

BELARUS

ベラルーシまとめ

危険度：★★☆☆☆☆☆☆☆☆

ベラルーシの治安は良好。深夜に歩き回っても問題なし。

美人度：★★★★★★★★★★

美女率が高い。ベラルーシ人の見た目はロシア人とほぼ同じ。金髪蒼眼も多い。

満足度：★★★★★★★★★★

基本的にヨーロッパでアジア男は絶望的にモテないが、ベラルーシは数少ないアジア男が戦える国。

衝撃度：★★★★★★★☆☆☆

ベラルーシでアジア男がモテることは、一部の海外ナンパ師をのぞいてまだまだ知られていない。旅行者が少ないうちが圧倒的に有利なので早く行くことをおすすめする。

予算／オプション
○デート代とマッチングアプリの課金のみ

旅の気づきとポイント
外国人擦れしていないベラルーシ人は親切だが、観光には不向き。街は旧ソ連特有の暗い雰囲気で楽しい国ではない。若い人を除いて英語はほぼ通じないためロシア語ができないと苦労する。

WORLD SEX TRIP 6

フランス

花の都パリの闇。売春地帯の森

ブローニュの森

森の中を走る道路沿いに立って客引きする女、椅子を持参して座って客引きする女。一度足を踏み入れると使用済みのコンドームやウェットティッシュが散乱している森。華やかなパリのイメージとはかけ離れた光景がそこにはあった。

海外エロブロガーとして活動するなかで、世界中の風俗に関する情報を目にしてきたが、フランスについてはほとんど聞いたことがなかった。調べてみると、売春宿の経営が違法とされており、フランス人男性の多くはベルギー、ドイツ、スペインといった近隣国に出かけて風俗を楽しんでいるらしい。パリのモンマルトル

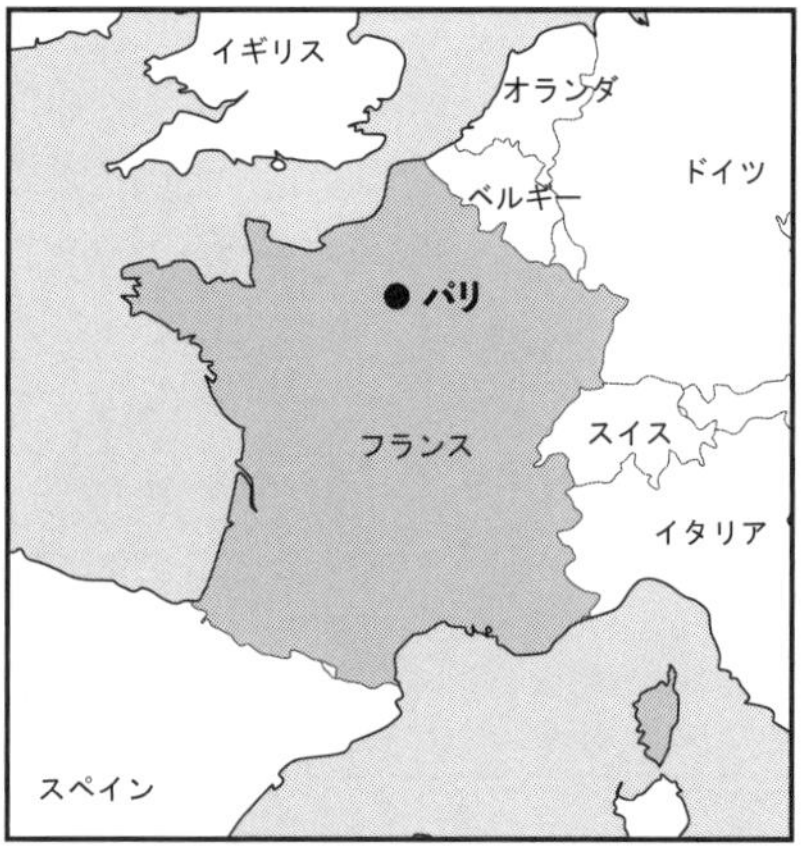

パリのブローニュの森で客引きする立ちんぼ。おそらくオカマ。

という エリアにはストリップや怪しいバーがあり、歩いていると客引きに話しかけられたが、後からどんどん追加料金を取られるたけのこ剥ぎ的な店が多いと知っていたので入る気にならなかった。

そんな時に目に止まったのが「ブローニュの森」だった。パリの西側にあるブローニュの森という場所に立ちんぼが集まり、森の中で行為におよぶという。怪しげな響きに一発で惹かれ行ってみることにした。

地図で調べてみると、ブローニュの森は東西南北数キロにわたる広大な敷地で、どこが売春スポットか皆目分からなかった。たまたま同じ安宿にいた日本人の女の子と仲良くなったので、素性を明かしてブローニュの森について話すと、なんと行ったことがあると言う。日本人の女の子がどうしてそんなところに？　どうやら彼女にも変わった趣味があり、知人に頼んで一度連れて行ってもらったらしい。森の中に売春の痕跡が残っている様子が楽しかったと。なんて変な女なんだ。彼女に頼んで連れていってもらうことにした。

森の立ちんぼ

メトロのポルトゥ・マイユ駅からバスに乗って西に向かった。すぐにブローニュの森に入ったが、怪しい雰囲気はまったくない。バスを降りてみると、ランニングしている人やピクニックしている家族がいて、穏やかな空気が漂っている。例えるなら代々木公園のような雰囲気。

「確かこの辺りよ」

彼女の後をついて森の中に入ってみると、そこにはおびただしい数の使用済みコンドームやウエットティッシュが散乱していた。道路からほんの少し入っただけのところなのに。森の小道を少し歩いていると、至る所に同じようにゴミが落ちている。彼女は興味深そうに落ちているゴミや森の様子を写真に収めていた。

道路沿いに出てみると、ちらほらと女性の姿があった。19時だが、夏なので空はまだ明るい。通り過ぎる車にアピールする子、道端に座り込んでスマホをいじっている子、簡易椅子を持参して座って客待ちしている子。森の中を通る道路沿いでこんな光景が見られるとは驚きだ。

しかもここは花の都パリ。洒落た都会というイメージしかなかった。よく見ると、オカマと思しき立ちんぼの姿もあった。女の子連れでは話すことができないので、彼女に離れたところで待っててもらい、ひとりで歩いてみた。

何人かに値段を聞いてみると、ゴムフェラが20ユーロ(約2400円)、本番が50ユーロ(約6000円)前後。

華やかなイメージのパリにこんなに退廃的な売春スポットがあるのは衝撃だった。

FRANCE

フランスまとめ

危険度：★★☆☆☆☆☆☆☆☆

フランスの治安は基本的に良好。パリの移民が多い地域はやや危険と言われているが、男性なら問題なさそう。

美人度：★★☆☆☆☆☆☆☆☆

フランスは風俗の規制が厳しいため全体的にレベルは低め。

満足度：★☆☆☆☆☆☆☆☆☆

クオリティ、衛生面などトータルでまったくもってオススメしない。

衝撃度：★★★★★★★★★★

パリという大都会で昼間から路上で客引きする立ちんぼと、使用済みのティッシュやコンドームが散乱した森はインパクト大。

予算／オプション

○ゴムフェラ…20ユーロ（約2400円）
○本番…40～60ユーロ（約4800～7200円）

旅の気づきとポイント

見所が多く観光目的なら良いが、パリの物価は世界屈指。ホテルや食事は東京より高い。夜遊び目的ではフランスに行かないほうがいい。

WORLD SEX TRIP 7

ハンガリー

究極の路上売春！田舎道に突如現れる半裸の女たち

どうしても見たかった光景

はじまりはブダペスト滞在時に見た、とあるYouTube動画。車内から撮影した映像には、道路の脇に立つ下着姿の女の子たちが映っていた。ブダペストにはエスコート（デリヘルのようなもの）、立ちんぼ、エロマッサージなどの風俗があるが、どうしても田舎道に立つ女の子が見たい衝動に駆られた。

ネットで調べると地域の名前だけわかった。でも正確な場所や行き方がわからない。確実に言えるのは、車が必要だということ。郊外なので公共交通機関は使えないし、仮に近くまで行けたとしても、歩いて声をかけるような場所ではない。ブダペストのタク

シーの車体はすべて黄色に統一されている。そのため、タクシーは目立ちすぎてだめ。Ｕｂｅｒなら一般車に見えるので使えると思ったが、どうやらハンガリーでは違法と判断されて撤退してしまったらしい。

現地在住の日本人に何かいい手段はないか聞いてみたが、有力な情報は得られなかった。諦めて他の風俗を調査したが、なんだかもやもやする。

思い切ってホテルの受付に相談してみた。

ブダペスト郊外の路上売春婦と森で青姦（事後）。

「車をハイヤーしたいんだけど。ドライバー付きで」

「タクシーは？」

「いや、車体が黄色だとまずいんだ」

「どこに行きたいんだ？」

地名を見せると、フロントの男は顔をしかめた。

「あの……実はナイトライフの調査してて……」

他のスタッフや客に聞こえないように小声で話す。

「そうだよね、この地域は」

どうやら有名らしい。

「調べるから少し待ってくれ」

ネットで車をチャーターできる会社を探してくれた。

「たぶんこの会社がいちばん良いよ。サイトには英語表記もあるし、値段も手頃だ」

「こういう変なリクエストも受けてくれるかな？」

「もし自分がこの会社なら受けるよ」

ニコッと笑いながらフロントの男は言った。

「ダメだったらもうひとつ会社があるから戻ってきて」

親切なフロントの男はそう言ってウインクした。

警察に止められる

教えてもらった車のチャーター会社に早速メールを送ってみた。ところが半日待っても返事なし。ダメだったか……。返事を待つのは諦めて電話してみることにした。

「朝チャーターについてメール送ったんだけど」

「確認して折り返します」

5分ほどで折り返しかかってきた電話に出ると、流暢な英語を話す男だった。ドライバーを紹介できると言う。やった。連絡先を聞いたドライバーに早速電話すると、「今から行くか？」と。日暮れ間際だったが、天気予報を見ると翌日は一日雨。雨だと女の子は出てこないだろう。見たかったのは昼間の景色で、暗くなってしまうと楽しみが半減するが、とりあえず行ってみることにした。チャーター料金は1時間6000フォリント、約2400円。日本ならタクシーに5キロ乗ったらもっとかかるだろう。物価が安い国は助かる。

「着いたよ」

ホテルの外に出ると、白いセダンの車が止まっていた。ドライバーは20代の若者で、英語も上手だった。地名と動画を見せると、その場所を知っていた。

現場に向かいながら段取りの相談をする。

「つまり、女の子と遊びたいんだ。外で済ませるから、その間どこかで待っててもらえるかな？」

「もちろんだよ。なんならこの車使うかい？」

めちゃめちゃいいやつだった。20分ほど車を走らせると、周囲には緑が広がり、工場と思しき大きな建物がちらほらと現れるようになった。動画で見た景色に近づいているのがわかる。

「この辺のはずなんだけど……」

まだ女の子の姿は確認できない。日暮れが近づいて薄暗くなってきた。何箇所か回っていると、ついに発見した。

路上に立つ不自然な若い女の子。明らかに立ちんぼとわかる派手な格好をしている。暗くなりかけてるのではっきりとは確認できないが、確かにいる。なぜか警察車両が停車していたが、近くに女の子は立ってるので取り締まっているわけではなさそうだ。

「車止めてもらえるかな。話してみたい」

女の子の横で車を止めて、窓を開けると顔を覗かせてくる。ドライバーの通訳で値段を確認すると、ゴムフェラが5000フォリント（約2000円）、本番込みだと8000フォリント（約3200円）。街中より明らかに安い（街中の立ちんぼは2万〜2・5万要求してくるので1／3ほど）。

近くで見ると見た目が想像と違ったので、次の女の子へ。すると、警察に止められた。一瞬ドキッとして、ドライバーと警察のやりとりを見ていたが、どうやらただの飲酒検問だったらしい。

検問を終えて、また女の子に話しかける。次の子は若かった。これは遊んでもいいかもしれない。そう思っていると、女の子が「GO! GO!」と手を振りはじめた。気がつくと、パトカーがすぐ後ろにいた。慌てて発進するドライバー。流石に警察の目の前で女の子を乗せるのはまずいらしい。思わぬ展開に笑ってしまった。

警察が見回ってるかもしれないのと、暗くなってしまったのでこの日はここで断念した。そして翌々日の昼間にもう一度行く約束をした。どうしても見たかった景色はまだ見られていない。

ところが、約束の日の待ち合わせ30分前になって、ドライバーから車が故障してしまったと連絡がきた。代わりのドライバーを探してくれるが、見つかるかどうかはわからないと。夕方まで待ったが、結局この日は行けなかった。

翌日。車を修理に出すらしい。無事修理が終わればＯＫ、もし直らなかったらレンタカーを借りる、それもだめなら友だちに頼んで車を借りる、とプランを３つも用意してくれた。興味本位の取材にこれだけ親切にしてくれるなんてありがたすぎる。ここまでやってダメなら諦めよう。そう思えた。

昼過ぎにドライバーから連絡があった。車が直ったと。これでいける。電話越しに無言でガッツポーズしていた。

圧巻の光景

天気は晴れ。心臓が高鳴る。先日と同じ場所に着くと、女の子の数が明らかに多い。さらに服装が全員派手。露出が多い。暑い時間帯でないと女の子の露出が減って良い絵が撮れないと思い、晴れのタイミングを狙って正解だった（カラーページP2参照）。

路上で点々と下着姿の女の子が客引きしている姿は圧巻。なかなか見られない光景だ。何度か往復して女の子をチェックする。やや年齢層が高かったり、太めの子が多いが、これだけ晴天の下に立つのは不利というもの。通常の売春宿は薄暗くて見た目をうまくごまかせるようになっている。彼女たちはここに堂々と立っているだけで尊敬に値する。それに、ブダペスト市内の立ちんぼよりよっぽどレベルが高い。

ゆっくり走ってもらうよう頼んで、すれ違う瞬間に女の子の容姿を確認。

2往復して目をつけた女の子に車を寄せた。9000フォリント（約3600円）でコンプレート（本番込み）で合意。

ブロンドに染めた髪と派手な化粧が目立つスレンダーな女の子。後部座席に乗せて発進する。どこでするのか聞いてみると、彼女が知っている場所に行くとのこと。家なのかな、この辺に住んでるみたいだし。

ドライバーの通訳のおかげで車内は和気藹々。英語はできないらしく、数字も言えない子だったが、なんとポルノ女優だと言う。エスコートも同時にやってるらしい。なんでこんなところで身体を張って商売してるのか気になったが、野暮な質問はやめた。

森で青姦

彼女の案内でついたのは森だった。空き地に入り、そのまま林道へ車を走らせる。周囲は完全に木だけ。車内でする人はここに停車して遊ぶらしい。いわゆるカーセックスだ。

ドライバーにどうするか聞かれたが、青姦したいと申し出た。車を汚すのは申し訳ないし、何より外のほうが面白い。ドライバーは車に乗って戻っていき、少し離れたところで待機してくれた。

「ここは警察来ないから安心してね」

そう言って安心させてくれる。立ったままゴムフェラから立ちバックがはじまった。

森の中で金髪と青姦。最高の気分だ。その辺に使用済みのコンドームやウェットティッシュが散乱していて、パリのブローニュの森を思い出す。

終わった後は彼女を車で元いた場所まで送って解散。世界にはまだまだ面白い遊びがたくさんある。今後の旅に向けてモチベーションが上がった。

HUNGARY

ハンガリーまとめ

危険度：★★☆☆☆☆☆☆☆☆

治安は良好。深夜に歩き回っても問題なし。酔っ払いや薬物中毒者が多い一部エリアのみ注意。英語は比較的通じる。

美人度：★★★★★☆☆☆☆☆☆

ヨーロッパの中では平均的な見た目。

満足度：★★★★★★★★★★★

女の子の見た目、衛生面などトータルでオススメはしないが、個人的には貴重な経験ができて大満足。

衝撃度：★★★★★★★★★★

ブローニュの森を超えるインパクト。郊外の路上に昼間から下着姿の女性が点々と立っている様子は異様。

予算／オプション

◯ゴムフェラ…5000フォリント（約2000円）
◯本番…8000～1万フォリント（約3200～4000円）

旅の気づきとポイント

物価が安く長期滞在向き。観光スポットも多く、特に大規模な温泉施設がおすすめ。バックパッカーの間ではフォアグラが安く食べられることで知られている。

8 チェコ

チェコ風俗でもっとも有名なのはショーパークという合法の置屋。いざ行ってみると、ルーマニア人の出稼ぎ嬢ばかりでチェコ人の女の子は皆無。いまいち気分が盛り上がらなかった。チェコで一番良かったのはPrivatと呼ばれるエスコートサービス。デリヘルのようなウェブサイトから連絡をとり、送られて来た住所に行き、女の子の部屋でセックス。出てきたのはチェコ人の美女。見知らぬ土地で住所を頼りに女の子の部屋を訪ねるのはRPGゲームのようで楽しかった。

9 スロバキア

スロバキアには特にこれと言って良い風俗がない。首都ブラチスラヴァから隣国オーストリアの首都ウィーンまではバスでたったの1時間ほどで、チケットは5ユーロ。「スロバキア男性はウィーンに遊びに行く」とウィーンのFKKで話したスロバキア人から聞いた。ブラチスラヴァでも一通り遊んでみたが、Privat（チェコと同じ）は当たった女の子が微妙、セックスクラブは「場末」という言葉がハマる陰気な雰囲気で楽しめなかった。この国に行くことはもう二度とないかもしれない。

10 ルーマニア

FKKをはじめとする西ヨーロッパの風俗にはルーマニア人女性が溢れている。多いところでは8～9割がルーマニア人。そんなルーマニア現地に行けばさぞ良い風俗があると思うかもしれないが、まったくもってそんなことはなかった。結局ブカレストで見つけたのは手コキサービスのエロマッサージだけ。この国のプロの女の子たちはより良い条件で働くため海外に出て行ってしまう。

11 モルドバ

ルーマニア同様にモルドバ人女性も西ヨーロッパの風俗でよく見かける。最貧国のひとつで経済状況が悪く、海外に出て行く若者が多い。首都キシナウの街にはこれといった繁華街がなく、夜になると真っ暗になる。マッチングアプリ売春やエスコートを探したがどれもパッとせず、結局ティンダーで知り合った女の子に「ラーメン作ってあげるから部屋おいで」と家でのアポを打診してセックス。プロの女の子を捕まえられず素人の子とセックスするという不思議な結果に終わった。

12 オランダ

オランダには合法の赤線街があり「飾り窓」と呼ばれている。世界でもっとも有名な風俗のひとつだ。怪しいピンク色の照明のガラス戸越しに立つ女性の姿は、アムステルダムの観光スポットになっている。多くは一見の観光客なので、サービスしようというよりは、いかに楽して稼ぐかというマインドの子が多い。ただ、同情する部分もある。彼女たちは遊ぶつもりがない興味本位で訪れる客の目に常に晒されている。女性や家族連れが歩く売春街は見ていてあまり良い気分がしなかった。

13 ベルギー

ベルギーは売春が合法で、オランダと同じ飾り窓がある。アムステルダムの飾り窓が世界的に有名な一方で、ベルギーはそこまで知られていない。そのため、観光客ではなく遊びたい客が多く集まっており、アムステルダムよりも良い体験ができる。特にアントワープの赤線街はこじんまりしていて静かで遊びやすい。女の子も性格が良い子が多く、アムステルダムよりも断然おすすめだ。

14 スイス

「日本人好みの女の子が多いFKKはどこですか？」と聞かれた時にいつも答えるのがチューリッヒのグローブ（Globe）だ。FKKにいる女の子は全員が美女ということはなく、見た目も年齢も様々。そんななかで、グローブには年齢が高すぎる子や太った子がいないため、他のFKKよりも平均レベルが高い。美女率ナンバーワンのFKKはドイツではなくスイスにある。

15 オーストリア

僕が現時点で世界一好きな風俗はオーストリアの田舎町にある。スロベニア・イタリアとの国境近くにあるそのFKKの名はウェルカム（Wellcum）。自然に囲まれた抜群のロケーションにあって、田舎ながら規模が大きく、毎日常連客で賑わっている。イタリア人客が多いためか、食事にもこだわっていてどれもこれも美味しい。首都のウィーンから電車で4～5時間とアクセスが悪いのが難点だが、FKK好きなら一度は訪れてみてほしい。

16 ポーランド

ポーランド風俗に関する日本語の情報で一番多いのが「エロチラシ」だ。ワルシャワ中央駅近くに裸の女の子と電話番号やURLが書かれたチラシが落ちていて、そこにコンタクトして所定の場所に行くというもの。実際に2件行ってみた。ひとつはマンションの一室にあって、下着姿の女性がずらりと並び選ぶ形、もうひとつはバーのようになっていて同じように下着姿の女性が接客していた。いずれも指名してセックスできるが、女性がほぼ40代以上で遊ぶ気になれなかった。

17 ブルガリア

ルーマニアやモルドバと並びプロの女の子の輩出国として知られており、FKKには多くのブルガリア人女性がいる。首都のソフィアで風俗を探してみたが、どれもパッとしなかった。そこでたまたま見つけたのが個人サイトで集客しているエスコート嬢。評判が良かったのでエアビーで部屋を借りて呼んでみた。結果、大満足。事前に好みを聞いてくれたり、2時間の予約が2時間半くらいいてくれて2回戦にも快く応じてくれる超優良嬢だった。

18 ポルトガル

リスボンの風俗は、ひっそりしたマンションの一室にあった。ママさんの合図で在籍の女の子がひとりずつ挨撈にきて、気に入った子を指名して個室でセックスするマンション置屋というタイプ。言葉が通じるため出稼ぎにくるブラジル人の女の子が多い。世界中旅してきて、セックスするならブラジル人の女の子が最強だと考えている。性格が明るくて、商売であっても本気で楽しんでセックスする子が多いので満足度が高い。ヨーロッパだとポルトガルとスペインにブラジル嬢が多い。

19 ロシア

僕はまだロシアに行ったことがないが、ロシア人女性と仲良くなったことはある。ドミニカ共和国のビーチにしばらく滞在していた時のこと。一際目を惹くモデルのような美女に思わず声をかけてしまい、遊ぶようになった。人の意見をまったく聞き入れず自尊心の塊のような彼女をかわいくない女だと思っていたが、ストレートに感情表現する人間らしい姿にだんだん惹かれていった。彼女の親戚が住むドミニカの別の街まで小旅行したり、部屋でボルシチを作ってもらったり、思い出深い日々だった。

AFRICA

— アフリカ —

WORLD SEX TRIP 20

マダガスカル

白人おじさん大集合。離島ノシベの電気もない小屋で

首都から丸2日かけてたどり着いた楽園

その島の異様な雰囲気に気がついたのは宿にチェックインした後だった。安いバンガローの隣の部屋からは、昼間にも関わらず喘ぎ声が聞こえてくる。宿の敷地内なのに「マッサージ？」と現地女性が客引きにくる。

外を歩けば白人の中年男性ばかり。この島には何かある。僕の直感がそう告げていた。

ノシベという島がマダガスカル北部にある。首都のアンタナナリボからタクシーブルースというタコ詰めの乗り合いバン（マダガスカル庶民の乗り物）に揺られ続けて丸1日。ボートに乗り換えてさらに30分。そこからタクシーで15分。移動だけで2日もか

ノシベにいる白人おじさんと現地人女性の組み合わせ。

かった。いろんな国を旅してきたが、マダガスカルの長距離移動の劣悪さは世界トップクラスだ。

ノシベはビーチリゾートとして知られており、日本人のバックパッカーも訪れている。ビーチリゾートといっても小規模なもので、店やホテルが固まっている中心地は5分くらいで歩けてしまう。

事前に当たりをつけていた宿にチェックインすると、欧米人の中年男性客が目についた。横には若いマダガスカル人女性。外をブラブラ歩いてみても、現地人女性と白人の中年、老人がやたらと目につく。なるほど、彼らがここに来る目的は若い女の子だ。アジアならタイのパタヤのような雰囲気と言えば伝わるだろうか。マダガスカルは旧フランス領でフランス語が通じるので、フランス人旅行者が多い。

宿に戻ると隣の部屋から喘ぎ声が聞こえてきた。もちろん部屋の主は白人のおじさん。現地女性を連れ込んで楽しんでいるんだろう。

ノシベがこんなにエロい島だなんて、まったく知らなかった。日本人が知らないセックスの楽園はまだまだある。

「お前に興味はない」

白人おじさんの行動を観察していると、昼間はビーチやビーチ沿いのバーでのんびり過ごしている。そして、夜になると中心地にあるバーに続々と集まってくる。客層はほとんど白人のおじさんと援交目的らしきマダガスカル人女性だけ。バーの外には女の子がずらりと並び、店内でグラスを傾けながら品定めするおじさん軍団にアピールしている。女の子は多い時間帯で100人くらいいた。

昼間ののんびりした田舎リゾートとは明らかに異なる異様な雰囲気。こんな辺鄙なところまで、これだけの数の女の子がどこからやってくるんだろう。近隣の街や村から夜になると仕事にやってくる、あるいは期間限定で出稼ぎにきてる子もいるに違いない。

情報収集しようと目が合ったおじさんに「ハロー」と声をかけても、帰ってくるのは「ボンソワール」（フランス語でこんばんわ）。英語を一切話そうとしないフランス人は多い。

気になった女の子に話しかけてみると、英語がまったく通じない。教育を受けているマダガスカル人は全員フランス語を話す。この国で英語を話せる人は珍しい。観光地や宿ですら、コミュニケーションに困るくらいだ。冗談ではなく「What's your name?」も通じないレベル。そして不思議だったのは、女の子から営業をかけてくる雰囲気が一切感じられないこと。

「お前に興味はない」

そう言われているかのような空気。こういった反応は珍しい。女の子はバーの前にずらりと並び、明らかに客を探している。客がほしいなら自分からアプローチしてくるものじゃないのか。男が声をかけるのがこのルールなのか、僕がアジア人だからなのか、理由は分からない。

どうしようか考えを巡らせていると英語で話しかけられた。

「Hey man!! How are you doing?」

救世主が現れた。

女の子が住む電気もない小屋で

振り向くとそこにはマダガスカル人の青年がいた。

「どうだい？　ホットな女の子がいっぱいいるだろ？」

「あの子なんてどうだ？　おれが話つけてやるよ！」

助かった。おそらくコミッション（仲介料）目的だが、問題ない。仕事してくれた分はしっかり払う。彼が話しかけたのは、バーのすぐ外に立っていた細身の女の子。好みの体型だ。

「OKだって。どうする？」

「いくら？」

「5万アリアリだ」（約1650円）

仲介してもらってるのでおそらく相場よりは少し高めだろう。それでも安い。別途お金を求められなかったので、通訳のコミッションも含めた値段なのかもしれない。

ホテルの場所を聞かれたが、事情があって部屋に連れ込むことはできなかったので、彼女の部屋に行くことになった。トゥクトゥクに乗り込んで暗い道を進んでいく。途中で裏道に入ると、未舗装の真っ暗闇になった。

2キロほど進んだところでトゥクトゥクを降りると、彼女の家があった。家というより小屋という表現のほうが近いかもしれない。木で枠組みを組んで、屋根は乾いた葉っぱ。3匹の子豚に出てくる藁の家を想像すると近い。マダガスカルの田舎、特に海が近い村ではこのような簡素な作りの家が多い。

部屋の中にはベッドが置いてあるだけだった。おそらく出稼ぎに来ているんだろう。電気はもちろんない。ろうそくに火をつけてセックスした。

終わるとすぐさま彼女は裸のまま外へ出て行った。何事かと思って後を追うと、外に置いてあるバケツに手をつっこみ、汲んであった水でアソコを洗浄していて、思わず笑ってしまった。

セックスは塩対応だったのに、最後に「写真撮らせて」と頼んでみるとなぜかノリノリ。記憶に残る体験だった（カラーページP4の女の子）。

20-2 旅史上最安のセックス。一晩660円で過ごした話

田舎の売春ディスコ

セックスが終わるとその子は、お金の話を一切せずに帰ろうとした。慌ててお金を握らせると、中身を確認もせずに帰っていった。翌日同じように連れて帰った子は朝までいて、「買い物したいけどお金がない」と言うので660円渡したら喜んでいた。ここまでお金にこだわらない女の子と続けざまに出会ったのはこ

の時だけだった。

マダガスカル南部にトゥリアラ（チュリアールとも呼ぶ）という街がある。首都のアンタナナリボからタクシーブルースで20時間。

22時頃になって繁華街に繰り出したが、辺りは真っ暗。写真なんて撮れたもんじゃない。ただ、よく見ると、昼間にはいなかったプロっぽい派手な格好の女の子がたくさん歩いている。

海沿いの道をぶらぶらしていると、バーで飲んでいるお姉さんから呼び止められた。

「マッサージ？」

暗い上に肌の色が黒いので、見た目の判断が難しい。

昼間見つけてあったディスコに入ってみた。中には30人ほどの女の子と白人おじさんが10人ほど。

バーカウンターの女の子からすぐに声がかかる。

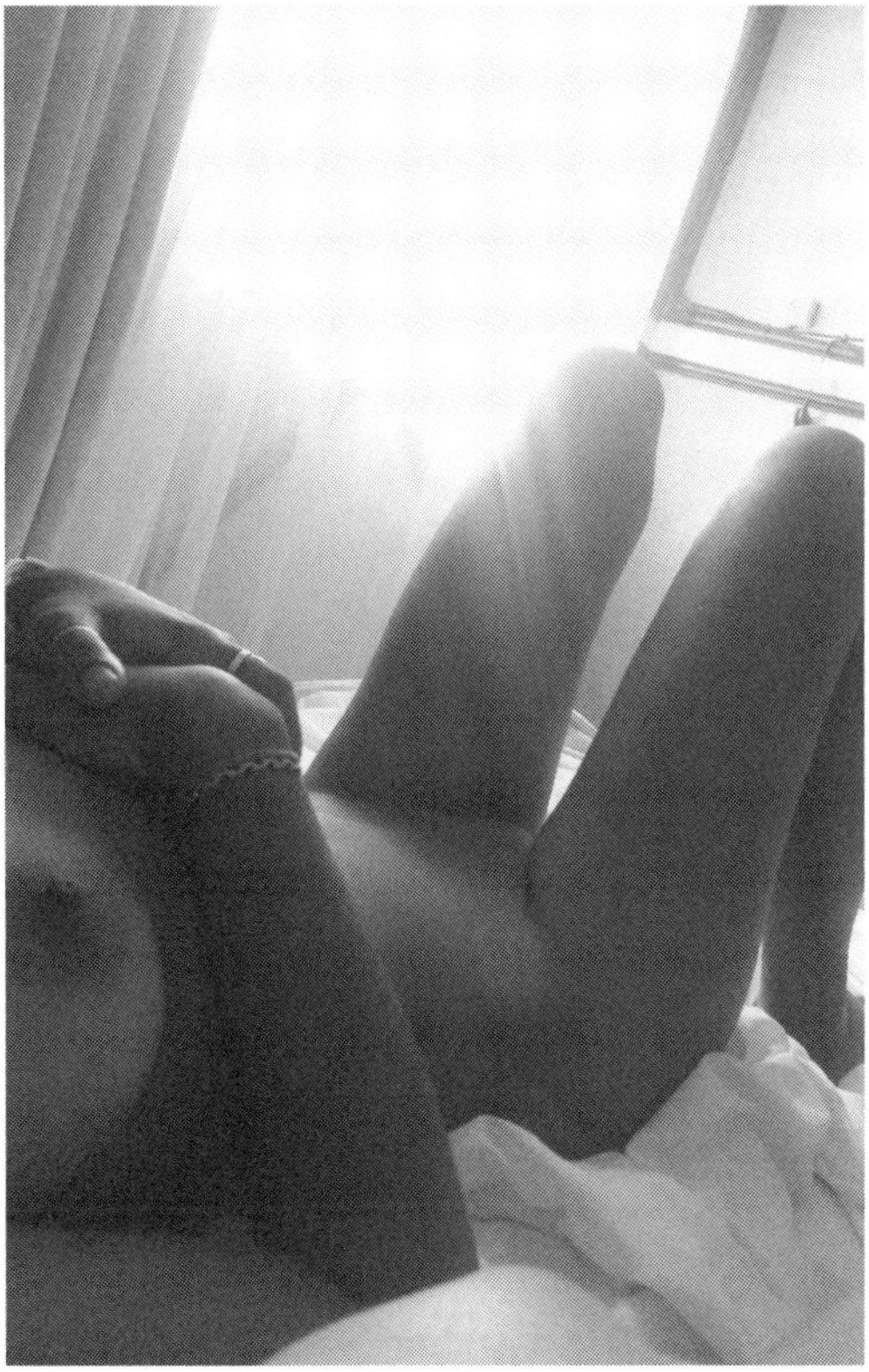
トゥリアラで660円あげたら満足してた売春ディスコの女の子。

「ビール買って」

「マッサージ？」

ここは売春ディスコだ。客が少ないためか、営業が強い。

「おー！　来たのか！」

昼間食堂で話しかけられた地元の男がいた。

「おれの友だちがいるから一緒に飲もう」

3人組の女の子と一緒に飲むことになった。アフリカっぽい黒人ふたりに、アジア人が混ざったような見た目の女の子がひとり。マダガスカルは地理的にはアフリカ。真っ黒な黒人を想像するかもしれないが、僕たちが思い浮かべる黒人とは少し違う。東南アジアから海を渡ってきた人種と、アフリカ本土から来た人種が混ざっているのがマダガスカル人。東南アジアの影響か、ラーメンや焼きそばのような屋台飯があり、アフリカ本土とは明らかに文化が異なる。話が逸れたが、アジア人ぽい見た目の子がいるのはそのためだ。

一緒に飲んだ3人は英語が少し話せて、強く営業してこなかったので居心地が良かった。会話してすぐにドリンクやタバコをねだってくる女の子とはどうも仲良くしようと思えない。

お金は要らない？

3人のなかでアジアっぽい顔立ちの子が気に入ったので、しばらく世間話した。細身で身長が低い。年齢は21歳。顔も悪くない。

「ホテルどこ？　行ってもいい？」

「いいよ！　もうちょっと飲んだらね！」

彼女を連れて帰ることになった。

泊まっていた部屋に入ると、彼女はすぐにシャワーを浴びた。シャワーから出てくるとベッドに寝そべる僕の上にまたがってきて、そのままセックスした。激しいセックスに疲れたのか、ぐったりしている様子の彼女を見て、申し訳ないが「ここでこのまま寝られたら面倒だな」と思ってしまった。ところが、すぐに起き上がってシャワーを浴びた彼女は、服を着て帰り支度をしはじめた。

一緒に部屋を出て外まで見送りに行く。あれ？　そういえば、お金って言われてない。ディスコでも特にお金の話はしていなかった。そのまま帰ってしまいそうな勢いだったので、呼び止めて3万アリアリ（約1000円）を握らせた。

「そんなに多くないけど」

「ありがとう」

一言だけ言うと、彼女は金額も確認せずに札を握りしめ、暗い夜道に消えていった。

2夜連続の優良嬢

翌日も同じディスコに行った。

この日はカウンターに中国人の団体がいた。中国人は世界中のどこの国にも必ずいる。南米のガイアナの田舎の国境の街でスーパーマーケットを経営しているのが中国人だった時は驚いた。

彼らの隣しか空いてなかったのでとりあえず隣に座った。現地人から見たら、僕らはどうみても仲間だろう。話してみると気さくで、道路の建設のために中国から来ているとのことだった。

しばらくして昨日一緒に飲んだ現地男がまたやってきた。友だち同士で来るわけでもなく、女の子を買うでもなく、彼は毎晩何をしに来てるんだろうか。

男の元に知り合いの女の子がやってきた。ニコニコ笑ってて愛想が良い子。この子もまた、ドリンク買えとかマッサージとか言ってこなかった。気に入ったのは、頑張って英語を話そうとしていたところ。できないなりに頑張って伝えようとする姿勢はいつでも好印象。

「部屋くる？」

しばらく飲んだところで切り出した。

「もちろん！」

話が早いマダガスカル。ここでもお金の話は一切していない。揉める原因になるので、普段はなるべく事前にしっかり金額を決めるようにしている。ただ、前日の女の子の雰囲気を見ていると、この街では必要ないと思えた。拙いコミュニケーションではあったが、彼女の性格の良さは伝わっていた。

ホテルはディスコの真隣。ディスコの爆音が聞こえるのは難点だが、治安が心配な土地で夜中でも安心して移動できるロケーションはありがたい。部屋に入ると彼女はすぐにシャワーへ。これも前日の子とまったく同じ流れ。交わっている間もずっと笑顔で、頼んだことはなんでもしてくれた。

海外風俗最安値

目を覚ますと部屋が暗くなっていた。いつの間にか眠ってしまったようだ。慌てて隣をみると、彼女は寝息を立てていた。良い子そうだったので完全に油断していたが、貴重品を根こそぎ持って行かれても仕方ない状況。このような展開で絶対に寝てはいけない。ホッとしてまた眠り、朝起きてそのままもう一度セックスした。

朝から運動して小腹が空いたので、一緒に朝飯を食べに行くことになった。時間が早いせいか、小汚い食堂しか開いてない。スープシノワーズ（簡易的なラーメンのようなもの）を頼んだ。他の店では500アリアリ（約16円）とか1000アリアリ（約33円）で食べられる。会計すると、ふたり分で1万アリアリ（約330円）と言われた。金額そのものは安いが、相場からすると随分高い。マダガスカルでは、旅行者からお金を多く取ろうとする場面によく出くわす。この時もそう理解した。

「いやいや高いでしょ。外国人価格やめてよ」

あまりに頻繁にあるので、マダガスカル語でこのフレーズを暗記していた。何を言っているのか理解できなかったが、食堂のおばちゃんは怒っているようだった。このやりとりを見て、おそらく彼女は引いていた。たかが300円で揉める外国人。引いて当然。今思えばどうでもいい金額だが、当時の僕は貧乏バックパッカーで、少しでも安いビールや水を求めて遠くのスーパーまでわざわざ足を運ぶような生活をしていた。何度か抗議したが状況は変わらなかったので、諦めて言われた通りの金額を払った。

微妙な表情を浮かべている彼女。

「これから買い物行くんだっけ？　僕は部屋に戻るね」

「お金がないから行けない……」

なるほど、そうくるか。お金が欲しいというサインだ。いずれにしてもお金は渡すつもりだったので何も問題ない。ポケットに入っていた2万アリアリ（約660円）を渡した。本当は3万アリアリ（約1000円）渡そうと思っていたが、朝飯が予想より高くて手持ちのお金がこれしかなかった。どういう反応をするか気になって見ていると「ありがとう」とお金を受けとって彼女は去っていった。

「足りないわよ！　バカにしないでよっ！」

そんな風にキレられても仕方ないと思った。少しでも微妙な反応ならホテルにお金を取りに戻るつもりだった。ところがそんな雰囲気は一切なく、笑顔で去っていった。

性格の問題なのか、マダガスカルという国がそういうものなのか、とにかく安い。一晩遊んで2回濃厚なセックスして660円は海外風俗経験のなかで最安だった。

その日の夜に彼女から連絡がきた。すごく良い子だったが、2晩続けて女の子と遊んだので、この夜はひとりで寝たかった。

「ごめん、具合悪くてホテルで寝てるんだよね」

「大丈夫？　部屋まで行こうか？」

「大丈夫！　風邪が感染るといけないし！　ありがとね」

「分かった。治ったら連絡してね。お大事に」

食堂で300円ぽっちのことで揉める情けない姿をみて、まだ優しくしてくれるとは……。本当に性格が良い子だった。その後会うことはなかったが、もっとたくさんチップをあげておけば良かったと後悔している。

MADAGASCAR

マダガスカルまとめ

危険度：★★★★☆☆☆☆☆☆

アフリカにしては比較的治安は良いほう。ただし、都市部には観光客狙いの強盗もいるため夜間はタクシーを使うなど注意が必要。

美人度：★★★★★☆☆☆☆☆

黒人とマレー系アジア人のミックスがマダガスカル人。優しい性格の子が多い印象。

満足度：★★★★★★☆☆☆☆

圧倒的なコストパフォーマンスが最大の魅力。スレていない20歳前後の若い女の子と1000円ほどで遊べてしまう国は今の時代少ない。

衝撃度：★★★★★★★★☆☆

日本人にほとんど知られていないマダガスカルは、セックスの楽園だった。遠いが訪問の価値あり。

予算／オプション

○ショート…3万〜5万アリアリ（約1000〜1650円）

旅の気づきとポイント

バオバブの木や国立公園のキツネザルなど自然が豊かで観光向き。食事も他のアフリカの国と比べると美味しい。国内移動に時間がかかるので、短期旅行には向かない。タクシーブルースという庶民の足で長時間移動するのは身体がかなりきついので覚悟すること。

WORLD SEX TRIP 21

エチオピア

美女率アフリカナンバーワン。アディスアベバのカオスな暗闇に圧倒される

アフリカナンバーワンの美女

ローカル酒場から鳴り響く独特な音楽、暗がりに立つ無数の立ちんぼ、強引に迫ってくる物売りの少年。

アディスアベバの繁華街はカオスそのもの。アフリカ旅の中でも強く印象に残っている。

安宿で知り合った日本人旅行者ふたりと一緒に夜の街に繰り出した。街角にはあちこちに立ちんぼの女が立っている（カラーページP4参照）。200メートルほどの暗い通りに100人くらいはいるだろうか。驚いたのは、頭にヒジャブを巻いたムスリム

の女の子がたくさんいること。単に顔を隠したいだけかもしれないが、珍しい光景に興奮を覚えた。

アフリカと聞くと真っ黒な肌で大きな身体の黒人を想像するかもしれないが、エチオピア人の見た目は少し違う。肌は褐色、細身の体型をした子が多く、鼻筋がすっきり通った美人も多い。個人的にはアフリカでもっとも美人が多い国だと認識している。

「エチオピア　美女」で画像検索すれば僕の言っていることがわかるはず。

アディスアベバで遊んだバーの女の子。

一説によると、エチオピア人が細身なのは国民食のインジェラが関係していると言う。インジェラはクレープのような発酵食。エチオピア料理には必ずインジェラがついてくる。発酵食を主食としているため、エチオピア人は太りにくい、そんな話を聞いた。ちなみにインジェラは、旅人の間では「見た目は雑巾、味はゲロ」などとんでもない中傷を受けているが、それほどまずくはない。

長い歴史のなかで植民地化されていた期間が短く、エチオピアには独特の文化や宗教が残っており、人種的にもいわゆるネグロイド（黒人）とは異なる。

そんなわけで、エチオピア人の女の子は黒人に慣れていない日本人からすると、黒人色が薄くてとっつきやすい。

バーでセックス

その晩はなぜかむしゃくしゃしていて、セックスしたい気分だった。路上の女の子を品定めしたが、暗くて顔がよく見えない。繁華街にも関わらず街灯が少ないし、バーの中もひどく暗い。

とあるバーに入ってビールを注文した。1本50ブル（約300円）とふっかけてきたが、相場がわかっていたので「値段知ってるよ」と話して20ブル（約120円）だけ払った。エチオピアでは観光客に料金をふっかけるのは日常茶飯事。他の国でもよくあるが、エチオピアでは特に多い。いちいち言い合ったり交渉するのが面倒で、エチオピアを嫌う旅人は少なくない。

3人で飲んでいると酔っ払った女の子が近づいてきた。知人が隣りに座らせビールを買ってあげると、身体をベタベタ触りはじめた。もうひとりの知人はいつの間にかウェイトレスに声をかけ隣に座らせていた。

さて、誰か探すか。そう思ったところで目についたのは青いドレスの女の子。顔はともかく、ムチッとした筋肉質な脚が綺麗でそそられる。手招きすると隣りにやってきたので、ビールを買ってあげて一緒に飲んだ。

「君と部屋に行く場合はいくらかかる？」

英語でそう聞いてみたが、伝わらなかった。スマホの電卓を見せて数字を入れるよう促した。

「1500」

当時のレートで約9千円。ありえないほど高い。相場は事前に調べていた。英語を話すウェイターがいたので通訳を頼んで交渉すると、あっさり500ブル（約3000円）まで下がった。路上の女の子は200～300ブル（約1200～1800円）と聞いていたが、バーだと少し高いのかもしれない。これでも外国人価格な気もするが、まぁ許容範囲内。

てっきり普通のバーだと思っていたが、どうやら奥に個室があるらしい。部屋代も込みでOK。先払いして、女の子に手を引かれてバーの奥に向かった。途中でウェイターにコンドームを渡された。ちなみにエチオピアのプロの女の子のHIV感染率は30％と言われている。

バーの奥には個室が5つあった。部屋にはベッドがひとつ置いてあるだけ。お世辞にも綺麗とは言えないが、そこまで汚いわけでもない。僕の感覚が狂っているだけで、普通の感覚の日本人にとってはだいぶ汚いかもしれないが。

すぐに服を脱ぎはじめたので制止して、ゆっくり脱がしていった。身体のラインが出るドレスだったのでわかっていたが、まじまじと見るとスタイルが素晴らしい。すらりと長い脚、プリプリのお尻。黒人の女の子に触れるのは南米以来久しぶりだった。水を弾きそうな弾力のある肌質。筋肉質だからか、黒人の肌は他の人種と触り心地が違う。

プレイはよくある置屋スタイルで、前戯もなにもなく、ただ股を開くだけのあっさりしたものだった。

「もう帰ってきたんですか？」

テーブルに戻ると知人に笑われた。前戯なしならそんなもんだろう。

ウェイトレスといちゃついていた知人はバーのマネージャーらしき男と交渉して、部屋に行くことになった。ウェイトレスとも遊べてしまうゆるい国エチオピア。楽しそうに部屋に向かっていったが、すぐに憮然とした表情で帰ってきた。

「まじ最悪です。部屋行ったら豹変しました。超塩対応っす。もうひとり探しに行っていいっすか？」

セックスはコミュニケーションだと思っているが、お金を介在させると、それはコミュニケーションではなくビジネスになる。ただ身体を提供するという姿勢の女の子は少なくない。エチオピアの女の子にはそんな意識の子が多いのかもしれない。別の女の子とも何度か遊んだが、いずれも似たような対応だった。値段は安く、見た目もいい。年齢も若い。売春が盛んで、街の一角が女の子で溢れているカオスな雰囲気は、海外風俗好きなら必見だ。ただ、セックスの満足度で言うと、エチオピアはあまりオススメしない。

21-2 プロかシロウトか!? 街ですれ違った18歳のダンサー女子をお持ち帰りした話

路上でナンパ

「ＩＤ持ってる?」

ホテルに連れ込もうとすると、そう聞いてきた。

ダンサーの彼女がどうしてそんなことを知っているのか？　この後お金を請求されてしまうのか？　中国人や日本人の「友だち」がいると言っていた彼女のことを疑いはじめていた。

出会ったのは路上だった。

夕方、アディスアベバの道を歩いている時にすれ違った子と目が合った。キャップを被った目の大きな子。すれ違い様に笑いかけると、彼女も微笑んだ。一旦素通りしてしまったものの、気になって振り返ってみると、まだこちらを見ていた。

J「ハイ！　なにしてるの？」

彼女「友だちと一緒にぶらぶらしてるだけよ。どうして声かけてきたの？」

J「えーと、かわいい子がいるから話したいなと思って」

18歳でダンサーだと言う彼女。名前はN。身長は160センチ弱くらいだろうか。細身の体型だが、女性らしい曲線でスタイルが良い。大きな瞳、かわいい笑顔、少し肌の色が薄い黒人。タイプだった。

J「明日、時間ある？　会えないかな？」

N「大丈夫よ」

連絡先だけ交換して別れた。

怪しい発言

その日の晩にメールを送ってみたが、翌日になっても返信はなかった。

好意的に見えたのは何かの間違いだったのかもしれない。それでも気になって電話してみるとあっさり繋がった。

J「何してるの？」

N「何もしてないよ。家にいる」
J「じゃあ外でて来なよ」
N「いいよ。どこ?」
こうしてあっさり会うことになった。
明るいところで見ても彼女はかわいいし、何よりスタイルがものすごく良かった。カフェでエチオピアの美味しいコーヒーを飲みながら世間話。
N「昨日、私が一緒にいた友だち覚えてる? 彼女は悪い子なの。男が好きで……」
どういうことだろう。
N「私は普通だけど友だちはみんな悪い子。だから仲良い友だちが少ないの」
さらに、過去に中国人の友だちがいたと言う彼女。
N「電車作る仕事でここに来てたの。ひとりでご飯食べたくないから一緒に食べようってよく誘われたわ」
そしてさらに……。
N「ニンジャ! コンニチワ! サクラ! 日本語の先生もいたのよ」
詳しく聞こうとすると話を逸らされる。
アフリカの18歳の少女に日本人や中国人の知り合いがいる? 混乱してきた。この時点で、彼女がアジア人専門で商売、つまり売春でもしているんじゃないかと疑いはじめていた。まぁ、それならそれで話が早くていいのだが。

闇営業のシーシャカフェ

一緒にいる間、彼女の電話はひっきりなしに鳴っていた。相手のほとんどは男のようだった。

N「エチオピア人の男は身体ばっかり目当てでろくな男がいないわ」

ため息交じりにそう話す彼女。

N「今から友だちがひとり来るわ。私のベストフレンドよ」

こういう展開はよくある。せっかくアポをとりつけて、いざデートと思ったら、友だちを連れてこられてしまうパターン。期待していたがダメかもしれない。

少し遅れてやってきた友だちは、Nより肌の色が黒くてスレンダーな子だった。

3人で食事してブラブラ歩いていると、友だちが家に帰ると言い出した。彼女の家は信仰心が強いイスラム教の家庭で、両親が厳しいらしい。これでまたふたりに戻った。

J「まだ一緒にいたいけど時間大丈夫?」

N「大丈夫よ」

彼女の案内で向かった先はシーシャカフェ。どうやらエチオピアでシーシャカフェの営業は違法らしく、民家の鍵がかかった部屋で営業していた。旅行者なんて絶対に来るわけがないどローカルな場所。旅先で現地人と遊ぶと、こういうのが面白い。

途中で急に電気が落ちて部屋が真っ暗になった。停電らしい。チャンスとばかりにNの手を握って、腰に手をまわしてみた。

握りかえしてくるN。

N「この後どうする?」

シーシャカフェを出ると聞いてきた。

連れ込み宿へ

J「どこか静かなとこいきたいな。ふたりきりになれるところ」
N「どこ？」
J「今日の夜、一緒に過ごしてくれない？　嫌かな？」
N「いいけど、どこで？」
J「ホテル探そうよ」
N「ID持ってるの？」
いったいなんでそんなことを聞いてくるんだろう？　彼女がこういうことに慣れているとしたら、ホテルを知っているかもしれない。ただ、美人局の可能性を少しばかり警戒していた僕は、彼女に主導権を渡したくなかった。繁華街のピアッサならいくつか知ってるホテルがある。知らないホテルに行くより、万が一トラブルになったときに英語の話せるスタッフがいたほうがいい。
乗り合いバンでピアッサに向かい、知っているホテルへチェックインした。
J「ダブルの部屋は空いてますか？」
スタッフはNのほうにちらっと目をやったが、何事もなかったかのように静かに対応してくれた。
1泊1500円程の安ホテル。部屋に入るとベッド近くでなにかが動く気配を感じた。
まさか……。南京虫だった。南京虫はバックパッカーがもっとも恐れる虫。不衛生なベッドに潜んでいて夜な夜な身体を歩き回る。噛まれるとその痒みは尋常ではなく、数か月は赤く腫れたぼろぼろの肌で過ごすことになる。昔、タイの安宿で南京虫にやられたことがあり、その痒みの地獄を知っていた。フロントに戻って事情を説明し部屋を替えてくれるように頼んだが、この夜はあいにく満室だった。代わりに殺虫スプレーを渡されてそれで対処することになった。エチオピアのホテルの質はマジで低い。

南京虫との戦いを終えて、抱き寄せてキスをするとNは自分から舌を絡めてきた。

これまでの経験と友人からの情報を総合すると、エチオピアの女の子はキスやフェラを嫌がることが多い。積極的な子なんだなと思ったが、下半身に手を伸ばすと「やめてっ」と制止された。

N「そんなの触るところじゃないわ」

触る意外にいったいどうしろと？

「じゃあ舐めていい？」と聞いたら頭をはたかれた。触られるのは苦手、舐められるのはもっての外ということらしい。

J「じゃあ舐めてよ」

N「嫌、苦手なの」

フェラはやはり嫌らしい。少しだけという条件で折れてくれた。

黒人特有の弾力性のある肌、しかも18歳。久しぶりの黒人女子とのセックスを思いきり楽しんだ。

謎の男からの電話

J「ぶっちゃけアジア人としたことあるでしょ？　さっき言ってた中国人とか日本人とか」
N「ないよ。それはただの友だち。前の彼氏としかしたことないわ」
J「冗談でしょ？　ほんとのこと言いなよ？（笑）」
そう聞いても本当だと言う。ホテルに誘った時、IDについて聞かれて慣れてる気がしたのだが……。

J「勘違いしてごめん。でもそしたら今日はなんでついてきたの？」
N「あなたのことは信用できると思ったから。この人についていけって、誰かに言われてるような気がしたの」

まったく腑に落ちないけど、これ以上追求しても仕方ない。

途中で彼女の電話が鳴った。電話口から男の声が漏れてくる。すると突然電話を代わられた。

N「私のベストフレンドなの」

以下彼との通話（カタコトの英語）。

謎の男「ナマエは？」
謎の男「ウェルカムトゥエチオピア。ユーマストミートミー」

冷や汗が出た。なんで会わないといけないんだ……。

美人局を疑った。Nのことを今ひとつ信用しきれずにいた僕は、一応警戒していた。だから知ってるホテルに連れてきた。待ち伏せでもされたらひとたまりもないのだが。Nは自分では18歳と言っているが、実際は18歳未満で、それをネタに脅されるという可能性もあり得る。実際にそういった被害にあった話を聞いたこともある。

頭の中が不安で一杯になっていた。

気づけば4回も

結局、心配は杞憂に終わった。心配をよそに、気づけば4回もセックスしてしまった。

電話の男に会うような展開にはならなかったし、彼女の口から「お金」という単語がでることは最後までなかった。

N「また電話してね！　それじゃ」

あっさり帰っていった。

当時、泊めてもらっていた現地の友だちの家に戻ってシャワーを浴びた。昼寝して夕方頃に買い物に出ると、階段の下にNの姿があった。そこにいるはずのない彼女の姿に驚いた。

N「これからダンスの練習行くのよ。ここに友だちが住んでるの。あなたはなにしてるの？」

まさかこんなにすぐにこんなに近くで遭遇するとは。世間は狭い。

実を言うと、翌日には他の街に移動して、もうアディスアベバには戻ってこないつもりだった。もう会わないはずだった彼女にあっさり再開してしまい、なんだかばつが悪い気分になった。

アディスアベバに留まれば今後も会って、同じように彼女を抱くことができただろう。旅中に現地の女の子に感情移入してしまい、複雑な気持ちになった経験が何度もある。それも良い思い出だが、この時は深入りしたくない気持ちのほうが強かった。

翌日、長距離バスに揺られていると電話が鳴った。

N「今どこ？　なにしてるの？　今日会えない？」

J「今、○△って街に向かってるよ。アディスアベバに戻ったら電話するね」

これが彼女との最後のやりとりだった。

今頃Nは別のアジア人と遊んでるんだろうか。それくらいでちょうどいい。

ETHIOPIA

エチオピアまとめ

危険度：★★★★☆☆☆☆☆☆

アフリカの大都市としては治安は良いほう。ただし、目立つ行動をとると輩に絡まれたり物売りにつきまとわれたりするため注意。子どもに囲まれて気づいたら財布や携帯がなかった、つばをかけられて拭いている間にスラれたなどの話をよく聞く。

美人度：★★★★★★★☆☆☆

エチオピアはアフリカの中でダントツ美人が多い国。細身で小顔、モデルのようなスタイルの女の子がゴロゴロいる。

満足度：★★★★★★☆☆☆☆

女の子の見た目はいいものの、フェラを嫌う子、セックスに対してあまり積極的でない子が多いのが難点。

衝撃度：★★★★★★★★☆☆

アディスアベバは「アフリカのバンコク」とも呼ばれる。繁華街ピアッサ（Piazza）の真っ暗な路上に無数の黒人風俗嬢がたむろしている様相はカオス。

予算／オプション

〇ショート…200 ブル～（約 1200 円）
〇連れ込み宿…100 ブル～（約 600 円）
※レート変動が激しく、現在はさらに安くなっている。

旅の気づきとポイント

独自の文化、マグマが見えるダナキルの火山ツアー、南部の少数民族など、アフリカいち見所が多い国で観光も楽しい。食事は好みが分かれるところ。エチオピアを嫌う旅人も多い。

WORLD SEX TRIP 22

モザンビーク

ティンダーで捕まえた黒人女子とテントで大採め

マプトでティンダー

アフリカ南部の国モザンビークの首都マプトにいたときのこと。時間を持て余していつものようにマッチングアプリのティンダーをスワイプしていた。プロの女の子が集まるエリアがあるとの情報は得ていたが、治安が悪いこともあり、ひとりで外に出るのが億劫だった。モザンビークにはアフリカの他の国と比べてかわいい女の子が多く、メッセージもガンガン送られてくる。

「Suck you（フェラするよ）」

「Come fuck me（犯しにきて）」

援交目的の子からストレートなメッセージがたくさん届く。スマホ時代の新しい営業スタイルなんだろう。大したやりとりもな

いまま、ここまであからさまに営業されると、やや引いてしまう。よほどかわいければ考えるが、自分から積極的に行かないと客が取れないレベルの子、と考えて返事をためらう。

そんななか、マッチした子が気になった。写真を見る限り顔は悪くないしスタイルも良さそうだ。なによりプロっぽさがない。

「Information Systems Technician at Casino Polana」

職業はこのように書かれていた。電話番号を交換して通話してみると、会うことにも積極的で、その日の夜に会えることになった。近くにいるから宿まで来てくれるらしい。

「10分で行くわ」

そう言った彼女は1時間ほど経って、ようやくやってきた。

不可解な態度

見た目は写真とほぼ同じだった。細からず太からず、黒人女性らしく少し筋肉質な感じが見て取れる。悪くない。それが最初に見たときの印象だった。

泊まっていたのはいわゆるバックパッカー宿。部屋代を節約するために、庭にテントを張ってそこで寝泊まりしていた。アフリカ旅を安くするために、たくさんの日本人がこのようにテント泊している。

宿にはバーが併設されているので、そこで飲むことにした。

「ビール2本ください」

彼女と一緒にカウンターで注文すると、いつもはニコニコして気さくだったスタッフがいぶかしげな表情を浮かべた。変な空気が流れる。

スタッフ「友だちかい?」
J「そうだよ! ちょっとそこで飲むだけだから心配しないで!」

いつもは「Enjoy!」と笑顔でドリンクを渡してくれるのに、この時はなぜか無言だった。そうか、変な女を連れ込んでるんじゃないかと疑われてるんだ。バーには宿泊していない一般客も入れるが、部屋までいけるのは宿泊者だけ。部外者を入れるのはNGだ。彼女はプロではなさそうだし、部屋に行くわけでもないから問題ない。この時はそう考えていた。

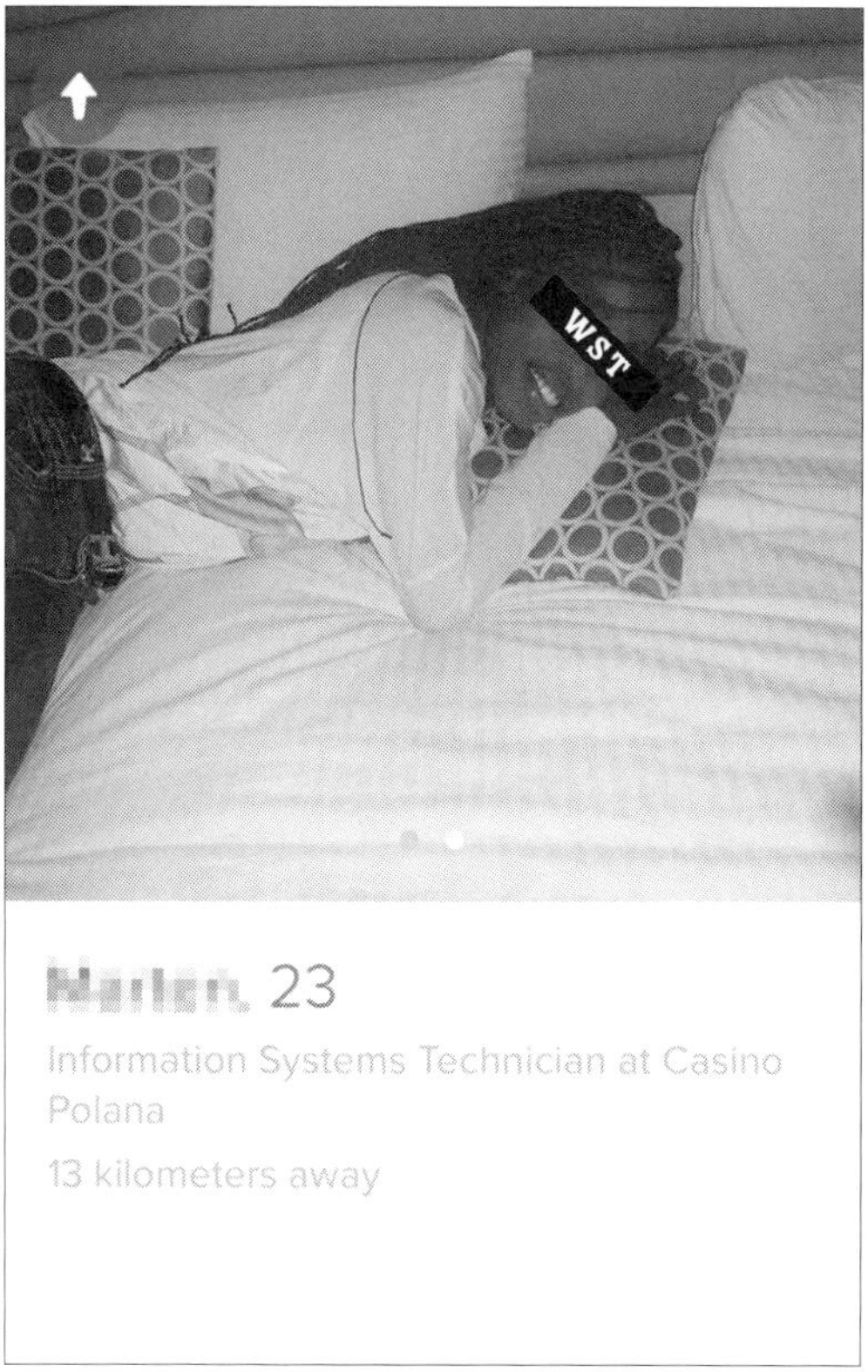

ティンダーでマッチした女の子のプロフィール画面。

テントでフェラ

「ここ蚊がすごいわね。部屋に行こうよ。それに寒いわ」

飲みはじめるとすぐに彼女はそう言った。確かに屋外ではある。でもそこまで寒くない。雲行きが怪しくなってきた。何も感じていなかったと言えば嘘になる。宿に来ると言った時点で、プロである可能性は考えていた。でも、まだ時間が早いし、スタッフに目をつけられてる今すぐは都合が悪い。

「確かにちょっと寒いね。でも、テントに泊まってるから部屋はないんだよ」

「テントいいじゃん！　好きよ！　行きましょう！」

　グイグイ押してくる。

「でも君が入ったらいけないルールかもしれないし」

「大丈夫よ。入ったことあるから」

　なるほど。店員のおかしな様子はこれが原因か。ここでプロだと確信した。まぁそれなら話は早い。スタッフの姿が見えなくなったのを見計らって、テントに移動した。

　入るやいなや、もたれかかって乳首を触ってきた。

「日本人のアレ見たことないの。見せて」

　テント内は暗い。わずかに入ってくる月灯りが彼女のいやらしい表情を照らしだし、やけに興奮する。舐めてもらいながら胸に手を伸ばした。

　違和感を感じた。股間に顔を埋める彼女を起こして、ブラジャーを外し、乳首を舐めた。胸がやけに小さい。不思議に思っていると押し倒されてまたフェラが続いた。

　アフリカの女の子の大半はある程度胸が大きい。彼女の体格からも貧乳とは思えない。まさか……。


「財布見せてよ」


「ちょっとストップ」

「どうしたの？」

「あの、君の胸がやけに小さいなって気になって……君ってもしかして……」

「Shemale（＝オカマ）よ」

やっぱりそうだったか。女だと思い込んでいた彼女がオカマというだけでも割とショックだが、さらに相手は黒人だ。

まぁ、ここまできてしまったら仕方ない。長い海外風俗生活である程度耐性はついている。気持ち良いことには違いないので、このまま続けてもらおう。

「ファックしたい？」

「それってアナルだよね？　いや、遠慮しとく」

そのまま口で発射まで導いてもらった。

「私もう行くわ。お金ちょうだい」

「いくらほしいの？」

「いくらくれるの？」

「500メティカル（＝約700円）」

「なに言ってるの？　冗談でしょ？」

ここから地獄がはじまった。モザンビークの売春の相場はショートで500〜1000メティカルというだいたいの相場は調べていた。

「それはストリートの値段よ。私はネットの女。値段が違うわ」

よくわからない理屈で怒られる。

「5000（＝約7000円）よ」

「いやいや。そもそもそんなにお金持ってないし」

「じゃあ財布見せてよ」

最小限のお金だけ入れている財布を見せた。入っていたのは１５００メティカル。ここから、足りない、これしかない、と押し問答が続いた。すると、オカマは大きな声で叫び出した。

「私、あなたのフェラしたんだからね！」

テントの外にも響く大きな声。宿の人にも聞こえてしまう。それでも応じないと、今度は誰かに電話した。電話を渡されると、姉と名乗る女だった。

「もしもし？　あなた妹にフェラさせたんでしょ？　ちゃんと払わないと痛い目みるわよ。今、近くにいるからでてきてくれる？」

脅迫だ。

「用があるならお前が来い」

強気に出ると、「待ってろ」と言われた。ふと横を見ると、僕のバックパックをオカマが物色していた。鍵がかかったカバンを開けろと騒ぎ、ついには泣き真似をはじめた。

「わかった。あと１０００渡したらそれでＯＫだな？」

財布から勝手に抜かれた１５００に加えて、隠していたお金を１０００追加で渡した。

「まだ足りない」

「静かにしろって」

受け取った途端に意見を翻した。この時点で穏便に収めることを諦めた。

「なに？　殴るの？　殴りなさいよっ！」

大声で騒ぎ立てるのを止めると、殴られるフリをする。あまりのウザさにだんだん面白くなってきて僕はニヤついていた。幸いなことに、この夜は客がほとんどいなかった。日本人旅行者にでも目撃され日には語り継がれるような伝説を残してしまうことになるが、この夜に限っては騒がれてもダメージは少ない状態だった。せいぜいスタッフに怒られるくらいだろう。出禁だと言われたら宿を移れば済む話。

「いいよ別に、騒いでも。レセプション行こう。つーか帰れよ」

再び姉に電話をかけ、僕に話すように言ってきた。もう話すことなんてない。

「2000って言って」

小声でオカマが囁いている。

「ほら！　2000って言ってよ！」

言われた通りに姉にそう伝えた。彼女に支払った金額は2500。つまり、売上を姉に隠して、500メティカルピンハネしようってことだ。姉弟で協力してるだろうに、ガメついやつ。ピンハネに協力してやったわけだし、さすがにもう帰るだろう。

トイレに行きたいと言い出したので、場所を教えるとようやくテントを出て行った。すかさず中から鍵をかける。鍵と言っても、ファスナーを南京錠で開かないようにするだけだがないよりはマシだろう。

姉登場で再び修羅場

テントを出て2、3分経っても奴は戻ってこなかった。おそらく帰ったんだろう。ようやく解放された。と言っても、すぐに出ていってまだその辺にいたら面倒だ。少し様子を見ることにした。

ザッザッザッ。10分ほど経った頃、足音が聞こえて来た。嫌な予感がする。

「Hello?」

やばい、呼ばれてる。急いで寝袋に包まって寝たフリをした。隙間から様子を伺っていると、テントの入り口がめくられ、ネット越しにオカマの姿が見えた。さらにその後ろに影がもうひとつ。女の声もする。姉まで来やがった。

「ちょっと！　起きて！　話あるから」

ここまでされると、寝たフリも無理がある。

「もう寝るから帰れよ」

ふたりはテントを開けようとしているが、一応鍵がかかっている。鍵を壊してまで開けてはこないだろう。

「ちょっと！　あなた私の妹にフェラさせたんでしょ？」

大きな声で姉が叫ぶ。またそれか。妹じゃなくて弟だからな！　どうでもいいツッコミを噛み殺していると、もうひとつの足音が近づいてきた。足音の主が何か話しかけると、諦めたのかふたりは帰って行った。きっとスタッフだ。追い払ってくれたに違いない。

10分ほど待ってテントから顔を出し、おそるおそる周囲を確認。もういなそうだ。やっと終わった……。

我慢していたシャワーに向かって汚れた息子を洗浄した。

最初のスタッフの不審な反応の時点で気がつくべきだった。客であるはずが、一度ジロジロ見てその後は一切話しかけもせず、僕のほうだけ見て話していた。思い返せば、声も低かったし筋肉質だなとも思った。面倒な目にあったが、約３５００円で済んだので不幸中の幸いだろう。しかし、タイやフィリピンならまだしも、アフリカでこんな形でオカマに遭遇するとは思ってもいなかった。揉めながらも、途中から「ブログネタゲット」なんて考えていた自分がおかしかった。

MOZAMBIQUE

モザンビークまとめ

危険度：★★★★★★★☆☆☆

他のアフリカの大都市同様に強盗やスリの注意が必要。夜間はタクシーを使うこと。

美人度：★★★★★☆☆☆☆☆

アフリカの中では普通。遊んだ子はまずまずかわいかった（オカマだが）。

満足度：★☆☆☆☆☆☆☆☆☆

これまでで一番揉めた最悪の経験。良い勉強になった。

衝撃度：★★★★★★★★★★

アフリカでオカマと遊ぶことになるなんて微塵も思っていなかった。

予算／オプション

○ 2500 メティカル（約 3500 円）

旅の気づきとポイント

ケニア以南の国は旧イギリス領の国がほとんどで食べ物はほとんど同じだが、ポルトガル領のモザンビークは周辺国と違って飯がうまい。ポルトガル領つながりでブラジル料理があったり、アフリカの現地飯にうんざりしていたがモザンビークで癒された。

WORLD SEX TRIP 23

南アフリカ

砂漠の中のレイブとアートの祭典「アフリカバーン」で人種差別とセックス

「クソ中国人は出てけ！」

「ここから出てけ、ファッキン・チャイニーズ！」

罵声と共に口に含んだビールを浴びせられたアジア人の彼女は泣いていていた。

今や世界規模で有名な巨大イベントになったバーニングマン（「アメリカ」の頁で後述）。その地域版が「アフリカバーン」だ。人と人が助け合い過酷な砂漠の環境下で共同生活するイベントで、あからさまな人種差別があるとは思ってもいなかった。

思い返せば違和感はあった。アフリカバーンの参加者に黒人は

アフリカバーンのテント・イベントブースエリア。

少ない。ウィキペディアによると、2009年の統計で、会場のある南アフリカの人口の79%が黒人。それなのに1万人いる参加者のほとんどが白人。明らかにおかしい比率だ。

人種隔離政策のアパルトヘイト撤廃から20年以上経つが、南アフリカの人種差別は色濃く残っている。大都市のダウンタウンには白人の姿はなく、ほとんどが黒人だ。白人たちは郊外の治安が良いエリアに住んでおり、居住エリアやコミュニティが人種ごとにはっきりと分かれている。世界で一番強烈に人種差別を感じた国が南アフリカだった。

かく言う僕も、夜、ケープタウンの人気がない道を歩いている時に、すれ違うのが黒人だと「やや不安」、白人だと「ちょっと安心」と無意識に感じてしまっていた。これは心のどこかで「黒人＝怖い」と思っているからに他ならない。人の潜在意識は根深い。

アフリカバーン参戦

南アフリカのケープタウンから車を走らせること6時間。大量の水と食料、酒を積み込んで、アフリカバーンの会場にやってきた。

アフリカバーンを一言で表現すると、「レイブとアートの祭典」になるだろうか。スマホの電波も入らない砂漠のど真ん中に一週間だけ街ができる。奇怪なオブジェが無数にあり、砂漠にポツンと建てられたDJブースからは一晩中音楽が鳴り響く。

参加者は皆ユニークな格好をしており、全裸すらも許容される。完全なる自由。食料、水を含めて生活に必要なものはすべて持参。運営が販売している「氷」以外、会場で現金は一切使えない。ゴミはどんなに小さいものでもすべて持ち帰る必要がある。

アメリカで参加した本家バーニングマンで衝撃を受けてから2年後。アフリカ縦断中にアフリカバーンの存在を知り、いてもたってもいられなくなって急遽ルートを変更して参加することにした。

破天荒なおばさま軍団

アフリカバーンの敷地内にはキャンプエリアが定められている。

どこにキャンプを張るか、場所決めは重要だ。会場内は広大なのでアクセスはもちろん、どんな隣人と過ごすかによって生活ががらっと変わってくる。

ところが深夜に到着したため、空いている場所に適当に車を止めてテントを張ってしまった。気に入らなければ移動できるからそれでいい。

翌日になって、隣のキャンプは南アフリカ人の女性3人組だとわかった。年齢は30～40代だろうか。スケスケでヒラヒラした服にTバックを身につけたセクシーな格好は強烈。すぐに打ち解けて仲良くなった。

その日の夕方。Tバックの彼女（おそらく40代）の車の上に登り、僕はひとりでサンセットを眺めていた。

砂漠の彼方に沈んでいく太陽を見ているとなんだかとても落ち着く。

後から登ってきたのは彼女と見たことがない白人男（20代の小太り）。車は屋根の上にテントを設置した四駆タイプのもので、つまり、ベッドがすぐ横にある状況だ。

赤く染まった空を眺めていると、白人の若者と彼女の距離が近いことに気がついた。何かを察して下におりた。さりげなく様子を伺っていると、若者の手を引いて自分のテントに引っ張り込む彼女。

「オゥッ」

「アッ」

ゆっさゆさと揺れる車から漏れてくる低い声。声漏れもお構いなしの様子。なんてワイルドなおばさまなんだ。これだからバーンは面白い。

白人の女の子とテントセックス

クラブのようになったブースをひとりでいくつかまわったが、気分がいまいち盛り上がらずにいた。

アフリカバーンも気づけば終盤。この日からアートを燃やしはじめていた。バーニングマンでは、街の中央にそびえ立つ人形、通称「マン」を祭りの最後に燃やす。マンを燃やすのがイベント名の由来になっていて、バーニングマンという。アフリカバーンには「マン」の代わりに「クラン」という大きなオブジェがあり、これを燃やすのがメインイベントだ。クランの焼け跡を囲んでぼーっと火を眺めていると、隣に女の子が座ってきた。

20代後半とおぼしき白人女性。彼女もひとりで火を見つめている。金髪で彫りの深い綺麗な顔だが、やや疲れた様子なのが気になった。

白人女「あなたまだここにいる？　10分で戻ってくるからこの場所とっといてくれない？」
　一旦立ち去ったが、しばらくして戻ってきた。
白人女「ありがとう！　あなたどこから来たの？　名前は？」
白人女「私？　南アフリカ人よ。友だち20人くらいの団体で来てるの。皆それぞれのパートナーのことばかり気にしてて全然面白くないのよね」
　虚ろな目でクランの燃え跡を見つめる彼女。自己紹介を終えると、時折ポツリポツリと口を開く以外は静かだった。
白人女「私、昨日が誕生日だったの」
J「おめでとう！　アフリカバーンで誕生日なんて最高じゃん！」
白人女「そーね。そうなんだけど……」
　そのまま彼女は黙り込んだ。顔が疲れている。
白人女「ねー、踊りにいかない？」
J「いいけど、疲れてないの？」
白人女「まだ帰りたくない気分なの！　行こう！」
　彼女に手を引かれてディスコをまわった。ペットボトルに詰め替えて持ち歩いていたウイスキーをまわし飲みしながら踊る。時折話しかけてもテンションは低く、誕生日を迎えたばかりの彼女を盛り上げることができない自分が歯がゆかった。
白人女「そろそろ帰ろうかな」
　時計を見ると深夜3時をまわっていた。秋の砂漠は夜になると冷え込んだ。

J「ちょっと火にあたっていこっか」
ちょうど焚き火してるキャンプがあったのでお邪魔させてもらった。
焚き火の主「日本から来たのかい！　そりゃ大変だ。とりあえずこれ吸いなさい」
渡されたウィード（マリファナ）を彼女と一緒にふかす。寒かったこともあって、彼女との距離はだんだん近くなっていき、手を握り合っていた。

アフリカバーンでテントに持ち帰った女の子。

J「キャンプはどこなの？　送ってくよ」
10分ほど身体をくっつけたまま歩いてキャンプに着いた。
白人女「ありがとう。コーヒーでも飲んでく？」
20人くらいの団体と聞いていたキャンプの住人はまだ遊びまわっているのか眠っているのか、静まり返っていた。肩に寄りかかってきた彼女を抱き寄せキスをした。
J「君のテントはどこ？　寒いから中に入ろう」
白人女性とするのは久しぶりだ

った。テントでのセックスという非日常にも興奮が高まった。遠くから重低音が響いてくるのが聞こえる。

J「周りに友だちいるんでしょ？　聞こえるよ？」

彼女の口を手で塞ぎながら荒々しいセックスをした。

眠ってしまった彼女をおいて砂漠に戻った。空はうっすら明るくなっている。夜通し遊んだ後のサンライズはバーニングマンの醍醐味だ。

自分のテントに戻ると、向かいのキャンプの子連れのお父さんが近づいてきた。

「おはよう！　朝食はどうだい？」

渡されたのは１本のジョイントだった。

SOUTH AFRICA

南アフリカまとめ

危険度：★★★★★★★★★★

南アフリカの治安は世界最悪レベル。ダーバン、ヨハネスブルグなど大都市のダウンタウンは昼間歩くだけでも怖い。アフリカバーンの治安はまったく問題なし。

美人度：★★★★★☆☆☆☆☆

白人と黒人がいる南アフリカ女性をまとめて評価するのは難しい。

満足度：★★★★★★★★★☆

本家バーニングマンの反省（「アメリカ」の頁参照）を踏まえて装備をしっかり用意して、ガスや調理器具など自炊の環境も整えたので快適に過ごせた。テントセックスは最高。

衝撃度：★★★★★★★★☆☆

はじめて参加した本家バーニングマンの後なので、衝撃度はややダウン。それでもやはりバーニングマン特有のゆるい空気はたまらない。

予算／オプション

◯チケット…1985ランド（約12000円）＋車代250ランド（約1500円）（2019年）
◯その他…レンタカー・食料・飲み物など

旅の気づきとポイント

治安が悪い南アフリカでの移動はタクシー必須。一般タクシーよりもドライバーの身元がわかっているUberのほうがより安全。大都市のダウンタウンでは白人を見かけることは稀で、ほぼ黒人とインド系のみ。白人は郊外の治安が良いエリアに住んでおり、居住エリアがくっきり分かれていて面白い。

24 スーダン

ネットを通じて知り合った子と首都ハルツームの中心にあるショッピングモールで待ち合わせた。南スーダンから逃げてきたという20歳の子だった。当時南スーダンは内戦中で、100万人を越える数の難民が国外に逃れていた。綺麗な顔立ちで英語も堪能な彼女からは、難民というワードから連想する悲壮な雰囲気は少しも感じなかった。「ヨーロッパに行きたい」と言っていた彼女の夢は叶ったのか、今さらながらふと気になった。

25 ソマリランド

ソマリランドは未承認国家だ。国際的にはソマリアの一部だが、実際には自治していて独自の通貨やパスポートもある。イスラム教の国で、風俗は表向きにはもちろんない。市場を歩いてると服屋の男に話しかけられた。雑談しているうちに「女はいらないか？」と言われた。値段は90ドル。未婚の男女が同じ部屋に入ることなどありえない文化、観光客がほぼいないので歩いてるだけで目立ってしまう国での買春は、リスクをあげればキリがない。万が一捕まったらただでは済まないだろう。結局やめてしまったが、思い返せばもったいないことをした。

26 スワジランド（現エスワティニ）

スワジランドにはリードダンスという奇妙な儀式がある。国中の若い女の子が集まって伝統的なダンスを踊り、国王が気に入った子がいれば嫁にするというもの。変わっているのが、若い処女だけが参加できることと、女の子は上半身裸であること。数万人のおっぱい丸出しの若い女の子が国王のために集まっている様子は異様。

NORTH CENTRAL AMERICA CARIBBEAN

— 北中米カリブ海 —

WORLD SEX TRIP 27

アメリカ

世界一の狂祭「バーニングマン」で乱交ドームに潜入

チケットなしで突撃

砂漠に点在する奇怪なオブジェ。夜通し鳴り止むことのない音楽。砂を巻き上げて走るデコレーションされたド派手な車。華やかなコスチュームに身を包み、自由に自己表現する参加者たち。砂漠のど真ん中に現れた近未来のような空間で巻き起こる究極の非日常に、ただただ圧倒された。

バーニングマンを知ったのは世界一周の旅をはじめて1か月ほど経った頃だった。外界から遮断された砂漠に巨大な街が1週間だけ現れ、そこでサバイバル生活する。レイブやアートを楽しむ、世界一ぶっとんだお祭り。

旅友だちから聞いてすぐに興味を持ったが、問題はチケットだ

った。バーニングマンのチケットはとにかく入手困難。オフィシャルサイトでキャンセル待ちを申し込んでもゲットできず。その後の最終販売でもエラーばかりで購入画面につながらず、事前の入手は叶わなかった。ダメ元で南米からアメリカに飛ぶことにした。ロサンゼルスで合流した日本人3人は、全員チケットを持っていた。バーニングマンの存在を教えてくれた友だちと、その旅仲間ふたり。

「現地でチケット買えるんちゃいます？　一緒に行こうよ」

バーニングマンの象徴「マン」。

　そんな軽いノリで行くことになった。買えたらラッキーだし、買えなかったとしても砂漠にひとりで取り残されたらそれはそれで面白い。彼らが用意したレンタカーに便乗し、ロサンゼルスから12時間程でバーニングマン拠点の街、リノに到着。

「NEED ONE TICKET」

　ダンボールの切れっ端に書いて、バーニングマンの買い出し客で混み合うスーパーをいくつか回った。売ってくれる人は見つからない。

「ガーラック（Gerlach）ってい

う会場のすぐ近くの街に行くといいわ。参加者は必ず通るわよ」

親切な人がそう教えてくれたので向かうことにした。リノは空港もある比較的大きな街だが、ここから先は田舎町。もう後戻りできない。

途中、会場に向かうバーニングマン参加者の車で渋滞がはじまった。この年で5万人、今や7万人とも言われる参加者が集まる巨大イベントのバーニングマンには車でしかアクセスできないので、会場に続く道は大混雑。車に積んでいた自転車を下ろして渋滞でトロトロ走る車に一台ずつチケットがないかあたってみた。これも不発。さらに、同じようにチケットを求める人が路上に増えてきた。

これは無理そうかな……。諦めかけた時、キャンピングカーから声をかけられた。

「ヘイメーン！　いくら払える？」

交渉して600ドルで購入。定価は380ドルなのでだいぶ高いが、背に腹は変えられない。偽造チケットが出回っているという話があって心配だったが、無事にゲートを通ることができた。

ロサンゼルスを出発して24時間。こうして念願のバーニングマン会場に辿り着いた。

男女が全裸で洗いっこ

バーニングマンの会場では大小様々なイベントが行われている。DJがいる小さなディスコ、飲み物や食べ物を配っているブース、ワークショップなど、砂漠とは思えないほどいろんなジャンルがある。

ぶらぶら歩いていると、全裸の男女の集団が見えてきた。エロい匂いがする……。日本人の女友だちと一緒だったが、すぐに全裸になってブースに飛び込んだ。

ここで行われていたのは、身体をみんなで洗い合うゲーム。桶が5つ置いてあって、ひとつの桶の周りには全裸の男女が4、5人ずつ配置される。5つの桶を順番に移動し、各桶で流れ作業のように身体を洗ってもらうというものだった。男女が全裸で身体を洗い合うなんてエロいように聞こえるが、ワイワイやっていて、これがエロなのか分からなくなってくる。参加者の年齢は様々。おっさんもいるし、若い女の子もいる。

順番がきた。恐る恐る桶に入ると「なにかNGはある?」と聞かれる。触って欲しくない場所を宣言できるらしい。NGは特にないことを伝えると、全裸の男女が一斉に僕の身体を洗いはじめた。不思議とエロい雰囲気には一切ならなかった。

最後の桶を通過すると、今度は洗う番。後ろに並んでいた全裸の女の子が目の前の桶にやってきた。若い。桶を囲む皆で一斉に洗い出す。横にいたおじさんが、白々しい顔(に見える)でおっぱいを重点的に洗っている。臆病者の僕は、周りの目を気にしながら恐る恐る脚に手を伸ばした。女友だちがすぐ近くで見ていたこともあり、がっつくのも恥ずかしくて。若い子の身体を洗ってみて、このゲームにエロい雰囲気はないと悟った。

次の女の子がやってきた。推定Dカップの綺麗なおっぱいに狙いを定める。手を伸ばそうとした瞬間、おじさんの手がすっと出てきておっぱいを占領した。ポジション取りに敗れ、仕方なく脚へ。ここで身体に異変を感じた。ついさっきまで何ともなかったのに。先ほどの女の子のアソコにはしっかり毛が生えていた。今目の前にあるのはツルツルのパイパン。しゃがんで脚を洗っていると、目線のすぐ先にくる。フル勃起するのは時間の問題と判断し、退散して友だちのもとに戻った。

評判になったのか、バーニングマン終盤になると、洗いっこブースはものすごい人気で、毎回100人くらい集まっていた。不完全燃焼だったのでリベンジしようとしたのに参加できず。バーニングマンではこのような謎のイベントがたくさん行われている。

乱交ドーム

全裸洗体の次に目をつけたのは「オージードーム（Orgy Dome）」と呼ばれるドーム型のテントだ。オージーはスラングで「乱交」を意味する。つまりオージードーム＝乱交ドームだ。カップルや男女混合のグループ以外、つまり男性だけでは入場禁止のルールがある。男だらけになってしまうのを防ぐための制限だ。

旅に出る前に複数セックス（乱交パーティーや輪姦など）にハマっていた僕としては何としても潜入したい。男ひとりでは入れないので、一緒に入る女の子を探す必要がある。

そうだ、アメリカ人女子をナンパしてオージードームに連れて行こう。

バーニングマンでの目標が決まった。ハードルはかなり高い。そもそもアジア男は欧米ではまったくと言っていいほどモテない。さらに、この手のアブノーマルな場所に初対面の女の子を連れて行くのは、日本人相手でも至難の業。アメリカ人のほうが性に寛容かもしれない。ここはバーニングマン。参加者はオープンで、酒やドラッグで浮かれているやつも多い。果たして英語で口説いて連れて行くことができるのか。

フラフラ歩いていると、昼間から盛り上がっている小さめのクラブを見つけて入ってみた。持参したカップにカクテルを入れてもらい、置いてあったクッションに腰掛けた。

近くで椅子にもたれかかったアジア系の女の子と目が合った。黒髪で細身。25歳くらだろうか。東南アジアっぽいエキゾチックな顔立ち。目はなぜかとろんとしている。酔っ払っているのか、ドラッグでもやっているのか。

話しかけてみると、会話は可能な状態だった。友だちと来たもののはぐれてしまい、ひとりで飲んでいたらしい。アジア系のアメリカ人だった。２回目の参加だと言う彼女にバーニングマンのことを教えてもらっていると、もたれかかってきた。

顔を近づけてキス。これはイケるかもしれない。

「体調大丈夫？　ちょっと静かなゆっくりできるところに行かない？」

「いいけど……どこ？」

「あっちにオージードームってのがあるんだけどさ……」

いざ着いてから聞いてないと言われると困るので、オージードームがどんな場所か簡単に説明した。返事はなかった。やっぱりいきなりは無理があるか。反応をみていると、どちらともとれない表情をしている。

「Hey! Are you OK? Let's go to Orgy Dome. Yes or No?」

ストレートな表現に変えた。

「……OK」

やった。あっさり目標達成。彼女の自転車にふたり乗りしてオージードームに向かった。

オージードームは昼間から盛況で、ドームの前にはこれからセックスする男女で行列ができていた（カラーページP5参照）。

意外にも回転は速く、10分くらい待ったところで中に入ることができた。

壮観。10組以上の外国人カップルが川の字になって思い思いの体勢で交わっている。日本ではハプニングバーやカップル喫茶で見慣れた光景も、大勢の外国人がヤッてる姿を見るのははじめてだ。まんま洋物AVの世界。見た感じすべてカップルのみで、乱交しているようには見えなかった。海外では「スウィンガー（Swinger）」と呼ばれるパートナーを交換して遊ぶ趣味の人が集まるコミュニティがあるため、そのように交換して遊んでいるカップルがいたのかもしれない。

さて、彼女とのセックスは、それはそれはあっさりしたものだった。積極的に動いてくれることはなく、体調を気遣ってこちらからもあまりアクションを起こせず。酒は飲んでいないようだったので、何か違うものを食っていたんだろう。一方で、何日も風呂に入ってない砂まみれの身体でシャワーも浴びずにするセックスに興奮している自分がいた。こんなにワイルドなセックスははじめてだ。一生忘れることのない強烈な思い出になった。

バーニングマンはエロ目的で行くイベントではない。あくまで自由な表現の一部としてエロが許容されており、メインはあくまでアートや音楽。僕の偏った趣味でこのようなエロ全開の体験記になってしまったことを、誤解のないように付け加えておく。

AMERICA

アメリカまとめ

危険度：★★★★☆☆☆☆☆☆

一部地域を除いてアメリカの治安はそこまで悪くない。バーニングマンの会場内は安全だが、女性がひとりで酔っ払ってフラフラ歩いてると面倒な輩に絡まれる可能性はある。

美人度：★★★★☆☆☆☆☆☆

アメリカには一般的に太り気味の女性が多く、美人度が高いとは言えない。バーニングマンで遊んだアジア系の女の子は小柄でかわいらしい子だった。

満足度：★★★★★★★★★★

究極の非日常を楽しめて大満足。装備ゼロで思いつきで参加したため、ガスもテントも十分な食料もなく、サバイバル生活が大変だった。

衝撃度：★★★★★★★★★★

コンセプトや規模などすべてが衝撃。人生で一度は行くべき。

予算／オプション

○チケット…425ドル（約45000円）＋車のチケット10ドル（約1100円）（2019年）
○その他…レンタカー・食料・飲み物など

旅の気づきとポイント

バーニングマンに行くなら装備が重要。しっかり情報収集して入念に準備しよう。

WORLD SEX TRIP 28

キューバ

隠れた性大国で男女グループに声をかけられて……
夜遊び好きにオススメ。

夜遊び好きにオススメの国

「私とあなたたちで3Pしない？」

「おれの妹とヤらないか？」

道を歩いているだけで延々とそんな声がかかるのに心底驚いた。社会主義の反米国家にこんな風俗天国があるなんて思いもしなかった。世界は広い。

キューバという国について知っていることと言えば、社会主義、野球、バレーボール、チェ・ゲバラくらいだった。長期旅行者や一部の旅行好きを除いて、日本人にとってはあまり馴染みのない国だろう。キューバは日本同様に島国だ。スペイン植民地時代や

キューバ革命などを経て、独自の文化が育っている。

どこの国が良かったか？　世界中を旅してきて何度となく聞かれる質問に対して、僕はよくキューバをあげる。キューバには海外で夜遊びするのに良い国の5つの条件すべてが揃っているからだ。

①女の子のレベルが高い

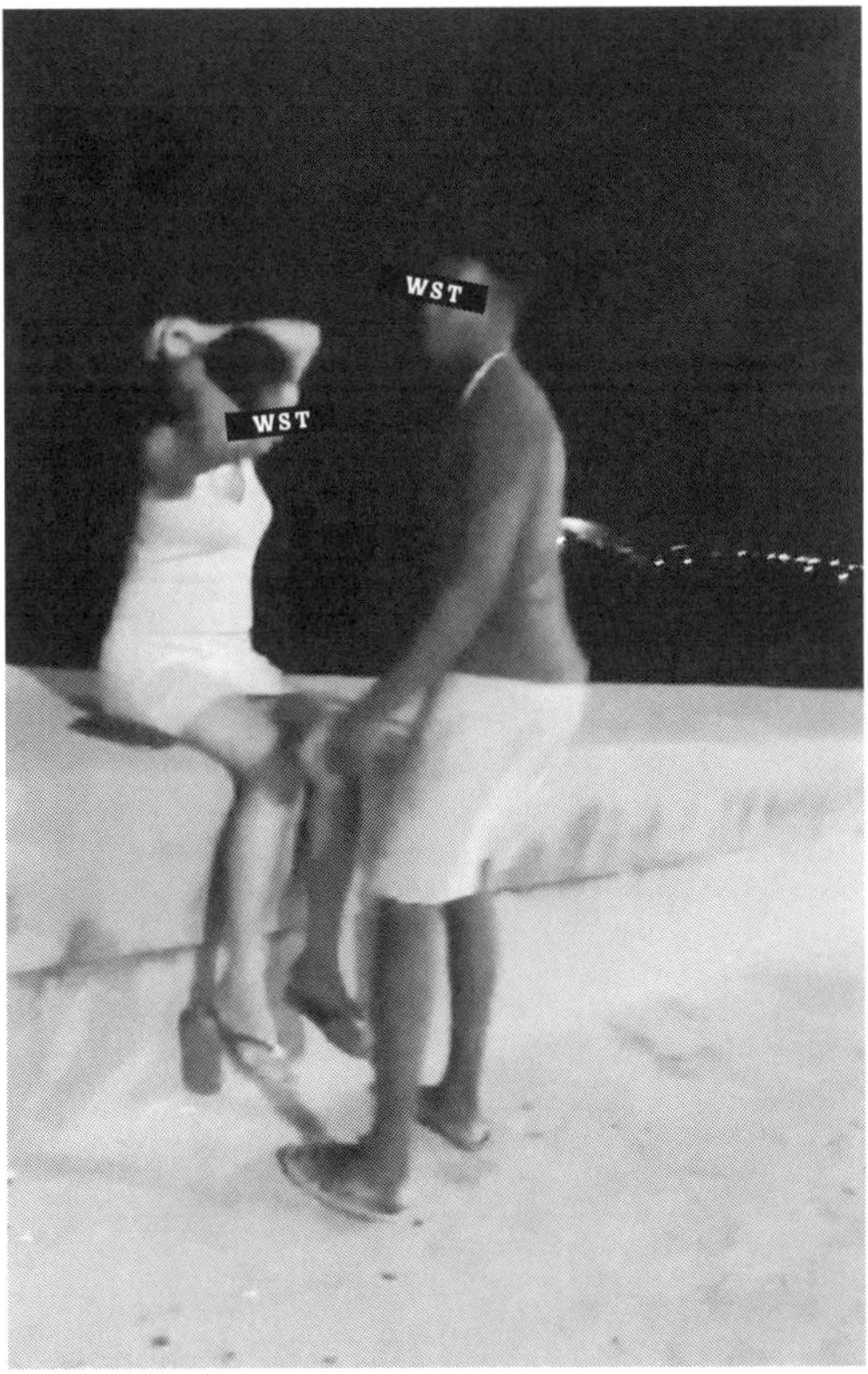

男女ペアで売春の客引きをしている。

中南米の国を旅してきたなかで、キューバの女の子の容姿はハイレベルだった。混血の顔が整った美人、白い肌から黒い肌まで様々な人種。周辺の国と比べて、細身でスタイルが良い女の子も多い。キューバ人の女の子なんてバレーボール選手くらいしか見たことがなかったので意外だった。

美女輩出国として有名なベネズエラやコロンビア、ブラジルにもかわいい女の子はたくさんいるが、日本人から見るとやや太め、良くいえばグラマーな女の子が多い。

夜の女の子になるとさらにその傾向が強くなる。細身の子が多いキューバでは、「細くてロリ顔で巨乳」といった日本では難易度が高い要求も簡単にクリアできる。

そして、特筆すべきはキューバ女子のセックス。どの女の子のプレイもそれはそれは濃厚だった。立ちんぼ遊びでよくある手抜きはほとんどなしで時間にもルーズ。

プロの女の子がたくさんいる一方で、半分素人のような女の子がお金欲しさに身体を売っているので、スレていない子が多い。遊んだ子のなかで、外れだと思う子はひとりもいなかった。

②夜遊びスポットを簡単に見つけられる

夜遊びに関する情報が少ない国では、場所が分からず現地で苦労する。キューバも情報が少ないが、夜遊びはとてもシンプルだ。観光客が街を歩けば女の子や客引きの男から必ず声がかかる。男友だちとふたりで歩いてたらかわいい女の子が近づいて来て「私と3Pしない？」と誘ってきたり、いきなり「おれの妹とヤらないか？」と声をかけてきた青年もいた。

さらに驚かされたのが、女の子と一緒に歩いているときにまで誘われたこと。

嬢「隣にいるのは彼女？」

J「いや、友だちだけど」

嬢「それなら遊びにいきましょう！　私どう？」

こんな具合に、キューバの夜遊びの敷居はとても低い。

相手が決まったら、あとは値段交渉してラブホテルのような部屋に行くだけ。カサ（Ｃａｓａ、スペイン語で「家」）と呼ばれる短時間貸しのシンプルな部屋が街中の至るところにある。ラブホテルといってもカサは一般人が部屋の一部を間貸ししているだけだったりするため、清潔感はあまり期待できない。それでもキューバの一般家庭の内部を見られることがあるので、良い経験になる。深夜に家の主を起こして部屋を借りた時はさすがに申し訳ない気持ちになってしまったが。

なお、現在は警察による売春の取り締まりが厳しくなっており、以前より遊びにくくなっている。

③物価が安い

夜遊びに絶対欠かせない要素が物価。キューバ人の1か月の平均収入は15～20ドル程度と言われている。数年前から個人事業が認められバリバリ働いているキューバ人もいるため、現在はもう少し上がっているかもしれない。それでも庶民はその程度のお金で生活している。食事は地元民向けの食堂だと1ドルほど、レストランでも3ドルほどで食べられる。

※旅行者向けの物はすべて高い値段設定になっている

夜遊びの費用は、平均すると20～40ドルくらいで遊ぶことができた。同じような値段で遊べる国は他にもたくさんあるが、①のように女の子の質を考えるとキューバの夜遊びのコストパフォーマンスは格段に良い。

④治安はそこまで悪くない

中南米は全体的に治安が悪い。スリや強盗は日常茶飯事で、多数の知人が被害に遭っているし、何より僕自身被害に遭ったこともある。夜遊びスポットは治安が悪い場所にあることも多く、活動は夜がメインになるので特に注意が必要だ。

中南米のなかで、キューバの治安は比較的良いほうだと言われている。現地で話を聞いたところ、キューバでは外国人旅行者に対する犯罪に対しては、重い刑を科されるらしい。キューバにとって観光は外貨獲得の重要な資源。これによって、ある程度旅行者狙いの犯罪が制限されているのだ。

そんなわけで、キューバでは比較的安心して夜遊びすることができる。

注意：深夜に女の子と遊んだあと歩いて宿に向かっていたら強盗されたので、油断は禁物。

⑤夜遊び以外にも魅力がある

旅行中ずっと夜遊びに講じるのも一興だが、せっかく海外に行くならエロ以外も楽しみたいというのが僕の考えだ。

キューバは夜遊びなしでも十分に楽しめる。美しい自然、社会主義ならではののんびりした雰囲気、音楽やサルサ。首都ハバナの旧市街は世界遺産に登録されている。コロニアル調の古い建築物が立ち並ぶ街をクラシックカーが走る様子をみて、まるでタイムスリップしたかのような感覚に陥った。ハバナの旧市街はぶらぶら散歩しているだけで飽きない。

経済制裁を受けているため、物資が不足しているキューバでは、スーパーマーケットに空の棚が並んでいるだけなんてこともざらにある。それでも人々はよく笑い、よくしゃべり、幸せそうに暮らしている。「お金＝幸せ」では決してないということをキューバで実感した。

兄妹姉妹で売春

ハバナのマレコンと呼ばれる海沿いの通りを歩いていると声をかけられる。その多くは男女混合の友だちグループ。そのなかに、売春している女の子がいることが多い。他の国では女の子単独か、友だちというよりビジネスとして男のポン引きが声をかけてくるので、あまり見かけない光景だ。大抵の場合、男がまず話しかけてきて「Quieres chika?（女の子、欲しい？）」と聞いてくる。気に入ったら交渉すれば良し。そうでなければ「No quiero（欲しくない）」と答えればしつこく勧誘してこない。

ある晩、女の子を求めて友人とふたりでマレコンを歩いていた。目ぼしい女の子は見つからず、諦めて別の通りを少し入ったところでかわいい顔をした青年に話しかけられた。

青年「あっちに友だちがいるんだ。おいでよ」

発音の癖が強くて聞き取りにくいが、おそらくそう言っている。

J「君いくつなの？」

青年「19だよ」

本当かな…。16～17歳くらいにしか見えなかった。若い男が話しかけてくるということは、もしかしたら女の子を紹介したいんじゃないか。僕のアンテナが反応した。

少し歩くと、そこにはもうひとりの若い男の子と、3人の女の子がいた。彼らと話してみると、最初に話しかけてきた青年ではないほうの若い男子と、女の子のひとりが兄妹だった。さらに、残りのふたりの女の子は姉妹。ややこしいので、ここでは以下のように呼ぶことにする。

青年（最初に声をかけてきた男）、兄（待っていた若い男）、妹①（兄の妹）、妹②（姉の妹）、姉（妹②の姉）。

姉「これ、うちの妹なんだけどかわいいでしょ？　今夜どう？」

そんな調子で妹を勧めてくる。日本の感覚ではまったく考えられない状況だ。

騙される

妹②が、一旦薬を取りに家に帰ると言い出した。空になった吸入スプレーみたいなもの見せてきたので、おそらく喘息かなにか持病があるんだろう。その場で待つように言われて、最初に声をかけてきた青年と一緒に消えた。

残ったメンバーと一緒にカサ探しに向かった。ふと気がつくと、途中でなぜかもうひとり男が増えていた。別の友だちが来たのかな……。この時点では特に気に留めなかった。

彷徨うこと30分。カサがなかなか見つからない。段取りが悪すぎる。薄々感じてはいたが、この青年グループは全然慣れていない。本気で商売するならカサの場所くらい覚えているだろう。これはこれで素人感満載でキューバらしくて良いのだが。

ようやくカサが見つかり、友人が妹①と一緒に部屋に向かった。

僕の相手の妹②はまだ帰ってこない。妹①の兄と少し離れたところで待った。売春する妹を見送る兄。いったいどんな気持ちなんだろうか。興味が湧いたが、聞いていいものか判断がつかなかったのでやめた。

30分以上経った。てっきりお楽しみ中と思っていた友人が、実はまだカサに入れていなかった。近くで部屋が空くのを待っていたようだ。そこにいたはずの後から合流してきた男の姿が見えなかった。

友人「カサ代が15クック（約1650円）でお釣りがないみたいで、20クック渡して両替しに行ってもらってるんだよ」

それはまずい……。持ち逃げの可能性が高いとすぐに感じた。ただ、今それを言ったところでお金が戻ってくるわけではない。思い過ごしの可能性もあるので「今度から渡さないで自分で行ったほうが良いよ」とだけ伝えた。このグループは友だち同士のようだし、心配しすぎかもしれない。他のメンバーにも逃げるような気配はない。

1時間以上待った。両替に行った男が帰ってこない。薬を取りに帰った彼らも戻ってこない。部屋もまったく空かない。時刻は深夜3時過ぎ。気を遣って残ったメンバーが時折探しに行くが、一向に見つからない。帰りたくなってきた。でも、友人が20クック渡してしまってる状況で帰るわけにもいかない。2時間経ったところで、薬を取りに行った青年と妹②がようやく戻ってきた。すると、どういうわけか揉めはじめた。

J「どうしたの？　両替しに行ったのは誰の友だち？」

全員が首を横に振る。持ち逃げだった。詳しい話を聞くと、その男はカサを知ってるから紹介してくれると言ってついてきただけだった。グルなのかな……。目の前のグループ自体を疑いはじめた。注意深く観察したが、本気で揉めてるように見える。

「なんであいつに行かせたんだ!?」

そんな声も聞こえる。逃げたとはいえ、20クックの損害だ。イライラしても仕方ない。

揉めること数分。

「金を渡したのはあの日本人。だから俺たちは悪くない」

という結論に落ち着いたみたいだ。

「ごめんね」と軽い感じで謝ってきた。

10ドルでセックス

カサの前に着いてからもう2時間以上経っていた。お金を取り返すのは無理だろう。テンションだだ下がりの友人。彼は前日も別の女の子と遊んでいたので、もう今日は遊ぶ気にならないだろうと思った。

一方僕は、めんどくさい、帰りたいと思っていたが、帰ってきた妹②を見たらやっぱりヤリたくなってきた。でも友人がお金を騙し取られてる時に自分だけ遊ぶのもな……。こんな状態でさらに待たせるのも気が引ける。

友人「JOJO……お金貸して」

なんと、まだやる気だった。

友人「部屋代込みで25クックにしてくれない？　もうお金ないんだ」

カサ代が15クックかかるので、嬢の取り分はたったの10クック（約10ドル）。グループの皆で顔を見合わせて考えている様子。

妹①「いいわよ」

お金を盗られるのを見て責任を感じたのか、値引きに応じた。意外にも律儀な彼らに驚いた。値引きが成立すると、妹②がすっと腕を組んできた。

妹「あなたは35クックって言ったもんね？　そうよね？」

自分も値引きされるかもしれないと焦ったんだろう。反応がかわいい。一向に部屋が空かないカサを諦め、別のカサにぞろぞろ移動した。

少し歩いて着いたカサで、寝ていた住人を起こして中へ入る。申し訳ない気もするが、2部屋分で家主は30クックの収入。この国では決して安くない金額だ。友人と二手に分かれてきっちり楽しんだ。

終わった時には既に明け方4時半。トラブルを含めて楽しい夜だった。海外ではお店以外で前払いするのは極力避けるようにしてほしい。

CUBA

キューバまとめ

危険度：★★★★★☆☆☆☆☆

中南米の他の大都市と比べればマシだが、旅行者狙いの強盗もいる。地方都市で深夜にひとり歩きしてしまい、強盗に遭った。

美人度：★★★★★★★★☆☆

白人、黒人、ラテン、それぞれのミックスと人種が豊富。細身の子が多いのも良い。

満足度：★★★★★★★★★☆

明るい性格と濃厚セックスに大満足。プロと素人の境界があいまいで、キスや生フェラ NG なんてことは一度もなかった。

衝撃度：★★★★★★★★★☆

社会主義の閉ざされた国というイメージが覆されるほどエロかった。

予算／オプション

○立ちんぼのショート（一発やって終わり）…10～50 クック（1100～5500円）
○ラブホ…民家をショート 10 クックくらいで貸し出している。

旅の気づきとポイント

キューバを訪れた 2014 年当時は、まだアメリカから経済制裁を受けていた。同年 12 月に国交正常化に向けて交渉開始が発表され、翌年国交回復。国民は貧乏だが、観光客向けのレストランやビールなどアルコール類は高額で、国の物価が歪んでいた。社会主義＝働く意欲がないと思い込んでいたが、宿経営など真面目にビジネスしてる人も多いのが印象的だった。人民ペソ（CUP）で食べられる地元民向けの食堂やビールは安いので節約旅におすすめ。

WORLD SEX TRIP 29

メキシコ

ティファナのゴーゴーバーのVIPルームで狂乱

売春の街・ティファナ

アメリカ西海岸のロサンゼルスから3時間程バスに揺られてメキシコとの国境にやってきた。簡単なチェックを受けて国境を越えると、それまでののどかな雰囲気が一変。メキシコ側の国境付近は殺伐としていて、嫌な空気が漂っている。

安宿にバックパックを放り込み、最低限の現金だけポケットに詰め込んで街に繰り出した。タコスの屋台で朝から何も食べていなかった空腹を満たす。目指すはソナ・ノルテ（Zona Norte）。国境からすぐ近くにある繁華街だ。

ソナ・ノルテでは売春が法律で認められている。足を踏み入れた途端、すぐにそれと分かる女の子たちが壁沿いに立っていた。

ティファナの「香港バー」VIPルームからの眺め。ここで立ちバックした。

つい先ほどまでいたアメリカと違うヤバイ空気に胸が高鳴った。

飛び交う1ドル紙幣

まず向かったのは香港バー（正式名はHong Kong Gentlemen's Club）。入口でビールを買って中に入ると、薄暗い店内は激しい音楽が流れ、水着の女の子たちがお立ち台で踊っていた。タイのゴーゴーバーに似た雰囲気だ。

店内は混み合っていた。あちこちでチップの1ドル札が飛び交っている。酒を飲みながら女の子と話して、お触りしたらチップを渡すのがここでの遊び方。チップは1ドルで済むので安い。ルールを知らなかった僕は、この時100ドル札とメキシコペソの高額紙幣しか持っていなかった。チップはメキシコペソでも払えるだろうし、頼めば両替もしてくれるだろう。

ビール片手に店内をうろついていると、男から話しかけられた。ロサンゼルス在住のホンジュラス人だった。英語の訛りがひどく、ほとんど理解できなかったが、ロサンゼルスで会社を経営していること、週末を利用してメキシコまで遊びに来ていることだけは分かった。

週末になるとカリフォルニアから国境を越えて大量のアメリカ人がティファナにやってくる。売春の規制が厳しいアメリカにはコスパの良い遊びがないからだ。メキシコは物価が安いので料金も数分の1。

「ほら！　触りなよ！」

ホンジュラス人の彼は通りかかった嬢を引き止め、お触りするよう促した。

「いや、チップの小銭を持ってないから」

「何言ってんだ？　そんなの気にするな」

僕の手を掴み女の子の大きな胸にあてがうと、ポケットから1ドル札の束を取り出し、1枚渡した。

「金は気にするな。どんどん触れよ」

僕の分までチップを払いながら、次々に話しかけてはお触りを楽しんでいた。ふと気づくと、横のステージで泡まみれの女の子ふたりが絡みはじめた。レズショーだ。ステージ脇に陣取り、泡まみれで交わる女の子を眺めていると、彼が何かを合図した。

「コイツにサービスして」

無邪気な笑みを浮かべてこちらに近づいてきた女の子。僕の手をとって胸や尻を触らせる。

「まだまだこんなもんじゃない！　もっとサービスして！」

チップを追加すると、今度は顔を掴まれて泡まみれの股間に押し付けてきた。息苦しいのに加えて泡がベタベタして気持ち悪いが、それでも楽しくてニヤついてしまう。

「楽しかったよ！　またな！」

1時間ほど経つと連絡先を残してロサンゼルスに戻っていった。

VIPルーム

翌日も香港バーに出かけた。ティファナには同じようなバーがいくつかあるが、香港バーが女の子の数・質ともに一番良かったので気に入っていた。日曜の夕方だったためか、昨日よりは女の子も客も少ない。

次々に声をかけてくる女の子に触れたり会話したりしながら適当にチップを渡していると、ウェイターが近づいてきた。

ウェイター「あれ、昨日も来てたよね？ また来たのか、ハハハ！ 昨日は楽しめたかい？」

J「もちろん楽しかったよ！ でも昨日はヤッてないんだよね」

ウェイター「それはダメだ。しっかり遊ばないと。あの子なんかどう？ セクシーな身体してるだろ？」

大きな尻をした太めの褐色肌の女の子を指差した。中南米にはこういう体型の女の子がとても多い。スレンダー好みにはあまりウケないタイプだ。

J「うーん……。あれは大きすぎるよ」

好みを伝えると、ウェイターは次々に女の子を連れてきた。ありがたかったが、どの子もピンとこなかった。

ウェイター「なぁ、VIPルーム使わないか？ 48ドルでビール6本と女の子つけるからさ！」

女の子を断り続けていると、誘いの路線を変えてきた。48ドルなら、日本で遊ぶことを考えれば決して高くない。それでも、仕事を辞めて無収入で貧乏旅行を続けている当時の僕にとって、その出費は大きかった。それに、店の外に出れば20ドルで遊べる立ちんぼが山ほどいる。

ウェイター「おれの友だちの女の子をつける。絶対に満足させる自信があるよ。おれに任せてくれないか？ とりあえず見に行こう！」

渋る僕を強引に立たせ、部屋に案内した。

カーリーヘアの金髪美女

バーの2階部分にあるVIPルームは、カラオケの個室のような作りをしていた。10人は余裕で入れるほどの大きな部屋。長いソファーがL時型に配置され、丸テーブルが並んでいる。ソファーの向かいにある壁一面の大きな窓ガラスからは、1階のフロアの様子を見渡すことができた。窓ガラスはマジックミラーになっていて、外から中の様子を見ることはできないらしい。他人の目が気にならない快適な部屋で、酒を飲みながら女の子と遊んだらさぞ楽しいだろう。料金は部屋代とビール代に女の子をつけてくれて48ドル。女の子へのチップはもしかしたら別に必要なのかもしれない。

ウェイター「どうだ？　最高だろ？」

J「確かに良いね。でも本当にお金が足りないんだって。ほら！」

一旦フロアに戻って、財布の中身を見せて500ペソ（当時のレートで40ドル弱）しかないことを伝えた。

ウェイター「本当に満足させるから、なんとかならないか？」

困り顔のウェイター。

J「あのさ、ヤレるの？」

いちばん気になっていた質問だ。

ウェイター「約束はできない。でも絶対満足させる。あの女の子なんてどうだ？　すごい良い娘だよ」

彼が指した先には、モデルのようなスタイルの女の子が歩いていた。スレンダーながら巨乳、金髪に染めたカーリーヘア。年齢は20歳そこそこだろうか。

嬢「Hola? Que tal?（やぁ！　元気？）」

近くで見ても他の嬢に比べて明らかに美人だった。愛想も良い。英語が話せないが、僕の拙いスペイン語も理解しようとしっかり聞いてくれる。

J「どこの出身なの？」

嬢「メキシコシティーよ。出稼ぎにきてるの」

J「そうなんだ、大変だね」

嬢「そんなことないわ。ここでの稼ぎはメキシコの物価からするとすごく良いから。頑張って家族にお金を送らないと」

ウェイター「どうだ？　良い娘だろ？　そろそろＶＩＰルームに行く時間だぞ」

J「OK! Vamos!（行こう！）」

ウェイターは満面の笑みを浮かべ、女の子の耳元でなにか囁いた。彼女はこちらに目線を向けながらうなずいている。

ウェイター「ＯＫ！　話はまとまった！　さぁ行こう」

ＶＩＰルームに３人で向かった。

ＶＩＰルームで立ちバック

ウェイター「まず先に金だ。48ドルね」

J「これしか持ってないって見せたじゃん。５００ペソ（40ドル弱）」

ウェイター「いや、それじゃ足りない。48ドル払ってくれ。ディスカウントはできないんだ」

貧乏旅で癖づいたディスカウント交渉は通用しなかった。ポケットに残っていた20ペソと6ドルを追加で支払った。

J「本当にもうこれ以上はないからね」

お金のことで揉めるのはごめんだ。こういう類の店でいちばん気をつけないといけないこと。しっかり確認しなかったばかりに過去に痛い目に遭ったこともある。

ウェイター「オーケーオーケー！　ノープロブレム。エンジョイ！」

ウェイターがビールを運んできて3人で乾杯した。彼も一緒に飲むらしい。ウェイターに促されて、女の子の太ももに手を置いた。その様子をにやにやしながら眺めている。

ウェイター「それじゃ、おれはそろそろ行くわ。楽しんでな！」

残っていたビールを一気に飲み干すと部屋を出て行った。

ソファーに座る僕にまたがってきた彼女の身体は、引き締まっている上に巨乳。日本人でこういう体型の子はなかなかいない。どこまでしていいのか分からなかったので身を任せた。立ち上がって自らパンツを下ろした彼女。挿入までできるとは思っていなかったので驚いた。ソファーでの対面座位から、ガラス際に移動した。立ったままガラスに手をつかせて後ろから挿入するのは、まさに壮観。眼下にはフロア。酒を片手に盛り上がる男性客。その男性客に群がりチップを求める嬢たち。

こんな眺めのセックスははじめてだ。最後まで興奮しっぱなしだった。

お金が足りない

これだけ遊んで48ドルならコストパフォーマンスは最高だ。女の子も大当たりだった。

しばらくするとウェイターが戻ってきた。時計を見るとVIPルームに入ってから40分ほど経っていた。

ウェイター「じゃあ彼女にチップ渡して。楽しんだだろ？」

やっぱりそうくるか。香港バーでは女の子を触るとチップを1ドル渡すのがルール。個室に行ってセックスするには最低でも70～80ドルかかると聞いていた。さて、どうやって乗り切ろうか。こういうこともあるかもしれないと見越して、先ほど空の財布を見せてある。

J「もうお金ないってさっき言ったよね。覚えてるでしょ？」

ウェイター「もちろん覚えてる。でもクレジットカード持ってるだろ？　外にATMあるからさ」

カードは持っていなかった。治安が悪いところで夜遊びするときには、最低限の現金しか持ち歩かないように徹底している。

J「カードは持ってない。現金もない。さっき言ったとおりだよ」

ウェイター「カードなしでどうやって旅行するんだ？」

女の子が心配そうな面持ちでやりとりを見つめている。ウェイターと嬢が小声で相談しはじめた。怖い人が出てきて脅されたらどうしよう……。頭をフル回転させて対応を考えた。でも本当にお金はないし、そもそもないってことをしっかり事前に伝えている。それでもやや不利かな。ワーストケースはホテルまで一緒に行ってお金を払う形か。最悪のケースまで想定できた時点で気持ちはだいぶ落ち着いた。

嬢「エスタビエン（大丈夫）」

嬢の口からそう聞こえた。ウェイターの確認に何度も頷きながらエスタビエンと言っている。

J「エスタビエン？（良いの？）」

コクリと頷く嬢。彼女の表情は柔らかい。笑っているようにさえ見えた。険悪にもならずにノーチップを受け入れてくれたことに感謝した。

内緒だったセックス

フロアに戻って彼女とお別れ。キスすると、耳に顔を近づけてきて囁いた。

嬢「セックスしたことはお店には内緒だからね」

J「わかった。チップ払ってあげられなくて本当にごめんね。楽しかった。ありがとう」

ウインクすると笑顔で立ち去った。本当に良い娘だったな。

フロアではウェイターが暇そうにしていた。彼にもお礼を言っておこう。まさかセックスまでできるとは思っていなかった。お礼を伝えて持っていた最後のお金、2ドルを手渡した。

J「ありがとね！」

ニヤニヤしながら受け取るウェイター。彼からも険悪な雰囲気は一切感じない。

ウェイター「どうだった？　くわえてもらえたかい？」

セックスしたことは彼にも内緒だったらしい。イケナイことをしたようで、嬉しいような妙な感情が湧いて思わずほくそ笑んだ。

宿に帰る途中で、ハッとした。強盗対策で隠し持っていたお金が50ドルあったことを思い出したのだ。かといって、今から戻ってお金を渡すのもバツが悪い。次に遊びに来たときにまた彼女を指名して、この時のチップも含めて払おう。暗い夜道を早足で歩きながら、そんなことを考えた。

MEXICO

メキシコまとめ

危険度：★★★★★★★☆☆☆

麻薬戦争など最悪なイメージがあるが、報道されているほど酷くはない。ただ、ティファナでは不良警察官による賄賂請求や強盗被害も耳にするので、人通りが少ないエリアは避けること。

美人度：★★★★★★★☆☆☆

香港バー（HongKong Gentleman's club）の女の子のレベルはかなり高い。たちんぼのレベルはそれなりだが、探せば遊べるレベルの子もたくさんいる。

満足度：★★★★★★★★☆☆

ティファナはセックスツーリストには有名な街。アメリカ西海岸のロサンゼルスやサンティアゴからアクセスが良いため、比較的日本からも行きやすい。

衝撃度：★★★★★★★☆☆☆

カリフォルニアから国境を越えると広がる別世界は必見。

予算／オプション

○ゴーゴーバー（HongKong Gentleman's club）…ショート：80～100ドル（約8800～11000円）
○たちんぼ…200～400ペソ（約1200～2400円）

旅の気づきとポイント

アメリカは売春が基本的に違法。裏風俗はもちろんあるが、値段が高くてレベルは低いので、多くのアメリカ人がわざわざ国境を越えてメキシコまでやってくる。セックスには困らない一方で、昼間はまったくすることがないので暇。不良警察に注意。

WORLD SEX TRIP 30

ドミニカ

「カリブ海のパタヤ」ソスアで、女の子に隠し撮りがバレた

日本人にとってのタイやフィリピン

ドイツからドミニカ共和国行きの航空券を買ったのは完全に思いつきだった。出発日が2日後に迫った2万円のチケットを見つけて即購入した。

カリブ海のドミニカ共和国には綺麗なビーチを求めて欧米から観光客がやってくるが、実は隠れた裏の顔がある。日本人にはあまり知られていないが、欧米人の間では「若い女の子と手頃な値段でセックスできる国」として有名なのだ。日本人にとっての「タイ」や「フィリピン」と言えばわかりやすいだろうか。

首都サント・ドミンゴから近いボカ・チカや、北部のソスアという街は、中高年の白人男性と彼らをターゲットにした女の子で

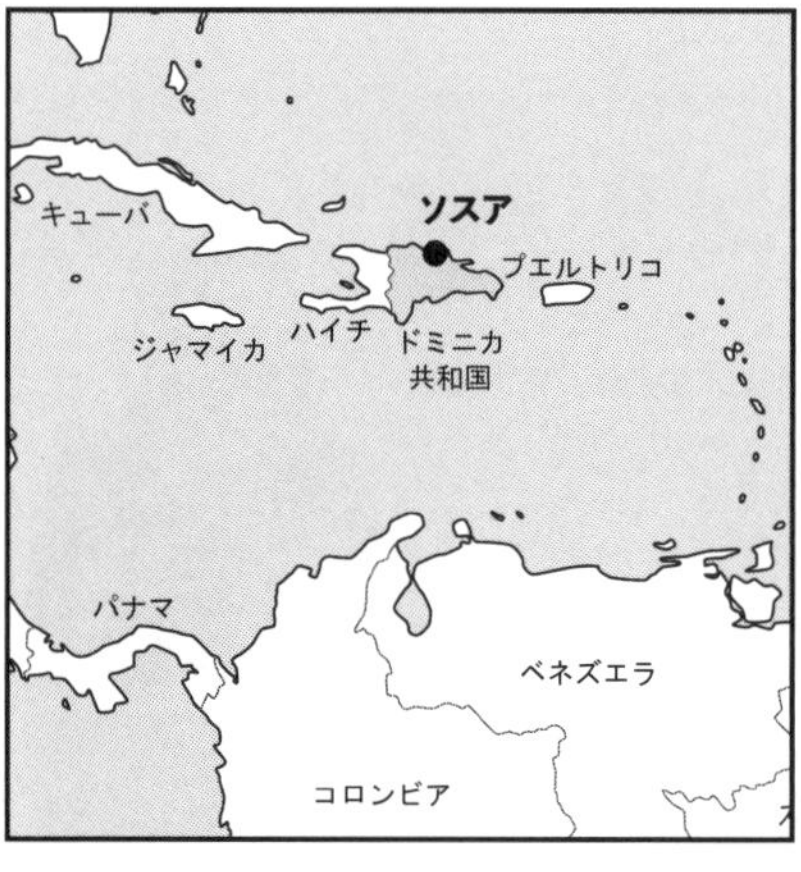

溢れかえっていた。

アダルトリゾート

ドミニカ共和国の風俗について調べるなかで存在を知ったのが「アダルトリゾート」だった。なんて卑猥な響きだろう。一発で惹かれた。

ソスアの女の子。隠し撮りがバレた。

ドミニカのアダルトリゾートホテルは以下のようなシステムで運営している。

○ホテルの敷地内に女の子が滞在
○気に入ったら自分の部屋に連れ込んで遊べる

街に女の子がたくさんいるのに、わざわざホテルにいる必要があるのか？　そう思うかもしれないが、ドミニカいちの売春街ソスアでは、女の子の素行が悪いことが知られている。合意した料金を後から変えてくるぼったくり、部屋から金品を盗む、18歳未満の女の子が年齢を偽って客を取り、事後になってから「警察を呼ぶぞ」と金を脅し取るなど、現地で先人たちからいろんな話を聞いた。せっかく遊びに来たのに、警戒してばかりではゆっくり楽しむことができない。

アダルトリゾートは余計な心配をせずにゆっくりしたい人のために存在している。ホテルに滞在する女の子は全員18歳以上。身分証をホテルに提出しているので、上記のような悪さができない環境になっている。

実際に行ってみると、思いのほかこじんまりしたホテルだった。部屋数は20ほど、宿泊料金は一泊60ドル〜。高級リゾートホテルがたくさんあるドミニカ共和国で、女の子を揃える特殊なサービスを提供するホテルとしては、かなり良心的な価格。女の子とのプレイ代金も決まっていて、メニューに記載されていた。

○ショート：1800ペソ（約4500円）
○ロング：3300ペソ（約8250円）

※レートは当時のもの。

ホテルに入ると、早速ビキニ姿のギャルが視界に入る。敷地の真ん中にはプールがあり、プールサイドのレストラン・バーに女の子がたむろしている。

部屋にはファイルが置かれていて、ホテルのルールがしっかりと書かれていた。

○撮影禁止
○女の子は適切な態度をとるよう教育されている

○月に一度検査を受けている
○ぼったくりはしない
○チップの要求をしない
○他の女の子と争わない
○ドリンクや食事をおねだりしない
○時短しない

とてもしっかりしたルールだが、逆に言うと、ルールがなければこれらのトラブルが日常的に起こるということだ。

早速プールサイドのバーに腰掛けると、すぐに女の子が近づいてくる。

「オラ！（Hola mi amor!）」

「マッサージはいかが？（Quieres masaje?）」

しばらくビールを飲んでいると、やってきたのは褐色肌で黒髪ロングのカーリーヘアの女の子。ビキニ姿でスタイル抜群だと一目で分かる。

「あなたジャグジー好き？　ジャグジーでいいことしてあげよっか？」

ビキニのムチムチギャルにこのように誘われて、断るのは難しい。アダルトリゾートはじめての相手に彼女を選び、ジャグジーに向かった。ジャグジーは壁に囲われた場所にあり、周囲の目を気にせずに楽しめるようになっている。屋外のジャグジーに全裸で入りながらイチャイチャするなんて、非日常そのもの。

こんな調子で３日間、アダルトリゾートを満喫した。

カリブ海のパタヤ

アダルトリゾートからローカルの乗り合いバンを乗り継いでソスアに移動した。街の中心地を歩くと、白人のおじさんだらけ。カフェやバーの道路沿いのテーブルに陣取って、道行く女の子を物色している。

白人のおじさんが目立つビーチリゾートはエロい場所だと考えてまず間違いない。代表的なのはタイのパタヤ、本書で紹介しているマダガスカルのノシベもそうだった。1泊2000円弱の安宿に荷物を置いてビーチに出かけた。1〜2キロあるビーチ沿いにバーやレストランが並んでいる。賑わっているビーチバーに入ってみると、白人のおじさんたちが全員ドイツ語で話していた。

ソスアには、イタリア、アメリカ、ドイツ人のコミュニティがあるらしい。話してみると、オーナーがドイツ人、客もスイス人ひとりをのぞいて全員ドイツ人だった。オーナーは、25年も前に移住してきたらしい。

「ドイツ人は良いところを見つけたら皆そこばっかり行くんだ。ここにいるのはそんな連中だよ」

客の多くはソスアにハマって休暇のたびに来ているリピーターだった。タイやフィリピンに通う日本人がたくさんいるのと同じ構造だ。ドイツ人のメンタリティは日本人と似ている。

夜になって街に繰り出した。中心の通りには派手な女の子がいたるところに立っている。目を合わせながら歩いていると、いきなり腕を組まれた。振り向くと、女の子が右腕にぶら下がるようについてきている。やけに見た目が若い。18歳未満かもしれないと思った。

連絡先だけ交換して離れると、すぐに会いたいと連絡がきた。こういう子とホイホイ遊ぶと、トラブルに巻き込まれる可能性がある。適当に返事してバーに入ってみた。大きなカウンターがあって、その周りをぐるっと囲むように女の子が立っている。100人はいるだろうか。バンコクのテーメーカフェと同じように、交渉して気に入った子を連れ出すシステムらしい。男性客の数は多くない。
※テーメーカフェ＝タイ・バンコクにある出会い喫茶。お金を求めるタイ人女性と身体を求める外国人男性で毎晩賑わっている。
ビールを買ってウロウロしていると話しかけられたので、情報収集することにした。はじめての場所で遊ぶときは、必ず誰かに聞くようにしている。
J「友だちから聞いたんだけど、金だけ盗む女の子が多いらしいね」
女「そういう子もいるけど、みんなじゃないわよ。女の子を選ぶなら、ここみたいにIDチェックする店のほうがいいわ。路上には泥棒がたくさんいるから」
J「年齢詐欺とかあるんでしょ？　若い子が警察呼ぶぞって脅してくるって聞いたよ」
女「そう、だからSedula（ID）を絶対確認しないとだめ。友だちのIDを持ってる場合もあるから、ちゃんと本人のものか確認しないと」
事前に聞いていた話と完全に一致している。
J「ID見ても顔を見分ける自信ないんだけど」
女「うーん……それならやっぱり確実なのはバーの女の子ね。私とか（笑）」
J「ははは。いくらなの？」
女「3000ペソ（約6000円）よ。2回レッチェしていいわよ」
※スペイン語で「レッチェ」＝牛乳。ここから連想して牛乳＝精子＝発射。2回レッチェ＝2回発射を意味する。
優しそうな子だが、好みではなかったので、いろいろ教えてもらったお礼にビールを一本ご馳走した。これでお礼したつもりだったが、誘ってくるのをのらりくらりとかわしていると、突然キレた。
女「あなたのために時間こんなに使ったのに。仕事の邪魔したわよね？　200ペソ払って」

時間を使ったと言ってもせいぜい2、3分だ。

J「いやいや、ビールあげたじゃん」

女「ビール一本じゃ足りないわよ。お金払って」

それまでの親切な態度から豹変。食い下がる彼女を振り切って店をでた。

「ソスアの女はスレている」

「隙あらば金を取ろうとしてくる、騙しや盗みも辞さない」

「ソスアの女を決して信用してはいけない」

先人のアドバイス通りの展開がおかしくて笑えた。

モデル級の美女

翌日もビーチに出かけた。昨日と同じドイツ人のバーで店主とソスアの女の話をしながら飲んで、その後はデッキチェアーに寝転んで本を読みながらゆっくり過ごした。

風俗が有名な街には、昼間することがなくて退屈なところがある。フィリピンのアンヘレス、メキシコのティファナなど、昼間はまったくと言っていいほどすることがない。ソスアのような売春とビーチの組み合わせはのんびり過ごせるので居心地が良い。

夜、街で女の子と知り合った。首都サント・ドミンゴから出稼ぎにきている自称21歳。

J「なんでこんな裏路地にいるの？　メインストリートのほうがいいじゃん？」

女「警察がうるさいから。絡まれたらめんどくさいし」

警察に拘束されている女の子に見覚えがあった。ここソスアでは、警察は基本的に旅行者の味方。発展途上国には警察から嫌がらせを受けるような街もあるが、ソスアではほぼないらしい。その代わりというわけではないだろうが、現地人はよくわからない理由で警察に拘束されることがあると。女の子とコミュニケーションを取るといろんな学びがある。現地語を話せると、ただセックスするだけじゃなく、こういう話を聞けるのが面白い。

昨晩とは違うバーに入った。空席がなく困っていると、スタッフが女の子ふたりのテーブルに通してくれた。そのふたり組は他の子よりも綺麗な格好だった。ひとりは長身細身でモデルさながらのスタイル。肌を見せているだけの雑な格好をしている路上の子とだいぶ違う。ガツガツ営業することもなく、普通に会話しながら一緒に飲んでくれる。

J「仕事したかったら気にせずいつでも行ってもらって良いからね」

女「は？ 行かないわよ。興味あるなら向こうが話しかけてくるべきでしょ」

強気な姿勢、嫌いじゃない。小一時間一緒に飲むと、だんだん打ち解けてきた。時折僕の股間を焦らすようにゆっくり触ってくる。

女「ねぇ、私たちとハッピーアワーしたい？」（ハッピーアワー＝3P）

耳元でそう囁いた。3Pというと聞こえはいいが、こういうオファーは友だちと一緒に楽して稼ぎたいだけのことがほとんど。基本的には断っている。

J「君だけで十分だよ」

相場より高い値段を提示してきたが、周りの女の子より明らかにレベルが高いのでOKした。ドリンクをねだることもなく、すべて自分で払っているところにも好感がもてた。

泊まっている安宿につくと、彼女は慣れた様子で身分証をフロントに提示した。まったく気づいていないなかったが、どうやら連れ込み宿に泊まっていたらしい。
女「シャワー借りるわね。このタオル何人の女が使ったの？　私、他の女が使ったやつ嫌なんだけど」
J「誰も使ってないよ」
女「嘘つき」
にやにやしながらなじってくる絡みも嫌いじゃない。

隠し撮り

セックスが終わってシャワーを浴びた女の子がでてきたところで、こっそり写真を撮った。ブログに載せるためだ。

女「今、写真撮ったでしょ？　ちょっと携帯見せて」

まずい。バレた。「撮ってないよ」ととぼけてみたが、分かってるから早く携帯を出せと。

女「顔写さなかったらいいから見せてよ」

どうやら怒ってるわけでもなさそう。

J「じゃあちょっと後ろ向きでポーズとってよ」

ふざけてそう聞いてみると、素直に後ろを向いた。そのまま何枚か写真を撮らせてもらい、最後に確認してもらってOKがでた。

「バイタク乗るからあと50ペソちょーだい」

歩いて5分もかからない距離なのだが。揉めるような額ではないので言われるがままに渡した。宿の前にいたバイタクを捕まえて、夜の街に戻っていく彼女を見送った。

DOMINICAN REPUBLIC

ドミニカまとめ

危険度：★★★★★★☆☆☆☆

ソスアのメインストリートには警察が巡回しており、彼らは基本的に旅行者の味方。観光客狙いのスリは多いので注意。

美人度：★★★★★★☆☆☆☆

ソスアの街には数百人の女の子がいるため、好みの女の子は見つかる。経済の状況が悪い隣国ハイチやベネズエラから出稼ぎにきている嬢も多い。

満足度：★★★★★★★★☆☆

パタヤと比べると規模は比較にならないほど小さいが、小さな街全体がエロに溢れている。ラテン好きなら一度は行くべき。アジア人はほとんどいないので快適に遊べる。

衝撃度：★★★★★★★☆☆☆

若い女の子を品定めする白人のおじさんが集まる様子は必見。バーや路上のいたるところで交渉が行われている。

予算／オプション

○アダルトリゾート…ショート：1800ペソ（約4500円）／ロング：3300ペソ（約8250円）

○ソスア…ショート：1000～1500ペソ（約2500～3750円）

旅の気づきとポイント

隣国ハイチは地震の影響で未だに経済的に困窮しており、女の子が出稼ぎにきている。また、ベネズエラも経済が破綻しており、ドミニカにはベネズエラ人が多い。女だけでなく男の出稼ぎもたくさんいて、アパートを改造して宿を運営してたり、物販をしたり小さなビジネスをしている。

SOUTH AMERICA

— 南米 —

WORLD SEX TRIP 31

ブラジル

激臭!リオ・デ・ジャネイロのスラム街置屋ヴィラ・ミモザ

ヴィラ・ミモザ

ゴミだらけの道、路上には半裸の女の子、危ない目つきのホームレス、異臭がする売春宿、虚ろな目の「若い」女の子……。カオスという表現がピタリとはまる。

世界中の風俗を周って来たなかで、もっとも「やばい」と感じたのがヴィラ・ミモザ（Vila Mimosa）だ。このスラム街置屋について知ったのは、リオ・デ・ジャネイロの風俗について英語で情報を集めている時だった。「現地人と一緒に行くことを強く勧める」と注意喚起されていた。貧乏旅行者の僕に現地の友だちなんてもちろんいない。

カラフルなタイルで有名な観光スポットの階段でたまたま話し

かけられた日本人にヴィラ・ミモザの話をしてみると、是非一緒に行きたいと鼻息を荒くした。

「何時からやってるんですか？」

「お金はいくら持ってけばいいですか？」

ちなみに彼は海外風俗経験ゼロ。はじめての海外風俗がスラム街置屋なんて刺激が強すぎる。怖いもの見たさで行くのであって、期待しないでほしいことを念押しして、連れて行くことにした。

リオ・デ・ジャネイロのヴィラ・ミモザ。置屋ビルの廊下。

突き刺さる視線

ヴィラ・ミモザは世界的に有名なサッカースタジアム・マラカナンの隣りの駅、サオ・クリストバーオ駅から歩いて行ける。治安が悪いからタクシーを使ったほうがいいとの情報があったが、様子を見ながら歩いていくことにした。

車通りの多い大きな通りから少し脇道に入ると、雰囲気ががらっと変わった。用事がなければ確実に引き返すだろう不穏な空気。もちろん観光客など皆無。頻繁に後ろを振り返り警戒しながら10分程歩くと、目的地に到着した。

「Vila Mimosa」と書かれた看板があるメインの建物を中心に、周辺には小汚い飲み屋や売春宿が広がっている。ゴミが散乱していて異臭がする。明らかに酔っ払っているか薬物でもやっていそうな様子のおかしい人、薄汚れた服装の人、タバコをねだってくる女の子。噂通り、スラムの真ん中に迷い込んだような感覚だ。

写真を撮りたくなった。治安が悪いこういった場所に来るときは、最低限の現金のみ持ち歩くようにしているが、撮影用にスマホだけ持ってきていた。ただ、僕たちの格好が浮いているのか、注目され過ぎてポケットから出すことができなかった。ブラジルには日系人が多いものの、地元民とは明らかに雰囲気の違うアジア人は、ここヴィラ・ミモザでは珍しいのだろう。周囲の視線が突き刺さる。攻撃的な視線というほどではないが、異物を見るような、とにかく良い気分はしない。

売春宿の脇にある小汚いバーでビールを飲みつつ外から様子を伺っていると、ふたり組の女の子から話しかけられた。誘ってくる感じではなかったので、おそらく世間話だったんだろう。ポルトガル語で何を言っているのかまったく分からなかった。視線をメインの建物に戻すと割と頻繁に人が出入りしていることが分かった。

意を決して潜入してみることにした。

虚ろな目をした少女

中は薄暗く、1フロアに小さいバーが20軒ほどあった。

臭い。とにかく臭い。吐瀉物、糞尿、アルコールが交ざったような、不快な匂いが建物中に充満しており、足元はなぜか湿っている。とても売春宿の匂いとは思えない。

バーの中には女の子がいて、客と話したり、入り口で客引きしたりしている。ひとつのバーに女の子は3、4人だろうか。おっぱい丸出しでフラフラしてる子もちらほら（カラーページP8参照）。フロアの奥には売店があり、軽食や飲み物を買うこともできた。

女の子のほとんどは選ぶのが厳しいレベルだった。ブラジルの底辺風俗はこんなもんだ。もともと期待していない。

異臭に耐えながら歩いていると、売店のカウンターに座った女の子に目が留まった。ふたり組で、ひとりは白い肌でスタイル抜群、顔も綺麗で推定18歳前後。もうひとりは褐色肌。身長が150センチ強くらいで、幼児体型。目が大きくかわいい系の顔。白い肌の子よりも若く見える。どちらも他の子より明らかにレベルが高い。

彼女たちは売店で男3人に囲まれて話していた。気になったが、この時点でまだすべてのバーを見ていなかったのと、そもそも接客中なので、たまたま目が合ったタイミングで目で合図だけしてその場を離れた。

もう少し進むと、今度はもっと若い子を発見した。黒人で痩せ型。胸はぺったんこ。くるくるのカーリーヘアを頭の上でまとめている。服装は上半身が水着にミニスカート、ヒールが高い靴。小学生じゃないだろうか？　目は虚ろで、恐る恐る話しかけてみたが反応は薄い。こちらの目を見ないし、精神的に大丈夫なのか心配になる。背筋がぞくっとするのを感じた。

思い返してみると、ヴィラ・ミモザについて調べている時に「児童買春が問題になっている」という記事を見かけた。本当にいるんだ……。はじめて目の当たりにする異様な光景に言葉が出なかった。

監獄のような部屋

建物内をぐるっと一周して入り口に戻ると、話しかけてきた子がいたので料金を聞いてみた。30分で50レアル（約1500円）。リオ・デ・ジャネイロではおそらく最安に近い部類だろう。4、5人に確認してすべて同じ値段だったので、ある程度統一されているらしい。

一緒にいた彼は、あまりのカオス具合に衝撃を受けていた。

「こ、これはなかなか厳しいっすね。でも、さっきのふたり組かわいくないですか？　行くならあの娘たちっス！」

意外にもやる気を失っていない。海外風俗ははじめてなのにたくましい。

メインの建物は見終わって、周りも散策してみることにした。向かって右隣にある小さめの建物と、向かいにも数軒売春宿がある。ネットの情報では、週末には1000人規模の嬢や客が集まるとあったが、この時点、土曜日の15時には、せいぜい100～150人くらいだった。びびって昼間に来たのが良くなかったのか。女の子は少ないものの、客は昼間からそれなりに多かった。ビリヤードをしたり、その辺でビールを飲んだり。普通の人もちらほらいるが、大半は明らかに柄が悪い、もしくはお金がなさそうな人たち。タバコを吸うたびに俺にもくれとせびられる。ブラジルではタバコは安くて300円くらいした。物価の割に高いのでねだられるのは仕方ないのかもしれない。カモにされるのは気分が悪いが、コミュニケーションの一環と諦めて渡すことにした。こういう危険な場所で些細なことで揉めるより、タバコを渡してフレンドリーな雰囲気を作っておいたほうがいい。

周辺をまわった後は、メインの建物に戻ってもう1周した。目的はさっき目をつけたふたり組だ。薄暗いなか目を凝らし、バーをひとつひとつ確認しながら歩くが見つからない。プレイ中かもしれないと思ったが、ふたり同時というのは考えにくい。

一旦外の通りに面したバーでビールを飲みながら時間を潰すことにした。異臭がするので建物内で待つのはきつい。30分ほど待って、もう一度探しに出た。これでいなかったら諦めよう。

すると、人だかりができているバーに気づいた。近づいてみると、バーの中で白い肌の綺麗な女の子がトップレス姿で踊っていた。ようやく発見。ふたり組の男性客が飲んでいるテーブルを行ったり来たりしながら、踊っている。もうひとりの褐色肌の子もいた。

話しかけたいところだが、また接客してるしどうしたもんか。邪魔してトラブルになるのはごめんだ。どうアプローチするか考えていると、褐色肌の子が店の外の様子を見に出てきた。チャンス。

「オラ！　君、何歳？」

「18」

本当かどうか分からない。続けて会話しようとすると、すぐ店内に戻ってしまった。しばらく見ていたが、飲んでいる客は一向に部屋に行く気配がない。これは話しかけても大丈夫なんじゃないか。

一緒にいた日本人がトイレで外してる間に、勇気を出して話しかけた。

「ムイートボニータ！　君とファックしたいんだけど」

英語は100％通じない。知っている数少ないポルトガル語ボキャブラリーで話しかけた。

「いくら？」

「50レアル」

接客中だった客のほうをちらっと確認すると、邪魔されて怒っている様子はない。ニヤニヤしながらこちらを見ている。カウンターで50レアル（約1500円）と部屋代（？）の2レアルを払って2階へ上がった。

バーの中には螺旋階段がついていて、上に小部屋がある。

部屋に入って衝撃を受けた。今まで見たどの部屋よりも汚い。薄汚れた壁に、皮が剥がれまくったマットレス。監獄のほうがマシなんじゃないかと思える酷い部屋。普通の日本人なら逃げ出すレベル。洗っているのかも分からないシーツを敷いてはじまった。

2分で終了

目の前でお尻を振りながらダンスしはじめた。言葉は通じないが、ここまでくればあとは問題ない。ニヤニヤしながら踊りを見ていると、服を脱ぐよう促された。

雑なゴムフェラを経て挿入するが、足でブロックして奥まで入れさせてくれない。

「#$%%……ミヌート……」

「ミヌート＝分」以外聞き取れない。

「終わりよ」

覆いかぶさる僕を撥ね除けて身体を起こし、服を着はじめた。部屋に入ってから10分も経っていない。状況が掴めない。

「10分で終わりよ」

そう言い残して部屋から出て行った。最初のダンスは時間稼ぎだったらしい。挿入してたのはおそらく2分程度。時間を気にしなかったのはこちらのミスだ。

バーに戻ると、彼女は何事もなかったように元いたふたり組の客と話していた。ちょうど外にトイレから戻った彼の姿が見えた。

「いやぁ、ぼったくられちゃったよ」

「え!?　どーしたんですか?」

経緯を説明する。

「そうなんですね。ちなみにどっちの娘にしたんですか?」

「あっちだよ」

遊んだ子を指差すと目を丸くしていた。

ヴィラ・ミモザは、今まで体験した風俗のなかで、間違いなくトップクラスにやばい場所だった。興味本位で近づかないようにしてほしい。

31-2 サンパウロの場末ボアッチで出会った日本人ハーフ美女

ブラジル名物ボアッチ

サンパウロの風俗といえばボアッチ。ボアッチはプロの女の子がいるバーで、キャバクラのように酒を飲んだり気に入った女の子と個室で遊んだりできるタイプの風俗だ。高級店から庶民的な店までいろんなレベルの店があるが、当時、貧乏バックパッカーだった僕は地元民向けの安いボアッチで遊んでいた。

たまたま安宿に居合わせた日本人と一緒にボアッチに飲みに行くことになった。彼もまた酒と女が好きな旅人だった。

サンパウロの少し郊外にあるファリア・リマ（Faria rima）という駅の周辺を見てまわった。この辺りには地元民向けの安いボアッチがある。いくつか店を見てまわったが、ピンとくる女の子はいなかった。別の日にひとりで飲み歩いた時に目をつけていた嬢がいたが、店を覗くと接客中だった。仕方なく他の店に入った。

こんな場所で日本語!?

ここもだめか。好みの子が見つからず、そろそろ帰ろうかと相談しはじめたその時。

「ちょっと待って」

ボアッチの店内で日本語が聞こえてきた。女の声だ。こんな場所でなぜ日本語が？　耳を疑った。振り向くとそこには褐色肌、濃い顔、彫りの深い目、分厚い唇の女の子。どこからどう見てもブラジル人だった。

「ねぇ、あなたたち日本人でしょ？」

「うん。そーだけど……」

日本語はネイティブレベルだ。状況が飲み込めない。

「すぐ行くからちょっと待ってて」

面白そうなのでそのまま待つことにした。5分程経って、接客していた客を切り上げた彼女がやってきた。

「てかやばっ！　本当に日本人？　なんでこんなとこいるの？」

確かに観光客がくるような店ではない。どう見ても地元の庶民向けの安い飲み屋といった雰囲気だ。しかし、「なんでこんなとこにいるの？」はこっちの台詞。見た目はブラジル人の女が流暢な日本語を話しているだけで面白い。

彼女は日本とブラジルのハーフだった。日本で育ち、ギャルだったらしい。そう言われてみれば口調がギャルだ。ポルトガル語がまったく話せない僕たちは、地元民向けのローカルボアッチを今ひとつ楽しめずにいた。そんな時に現れた日本語を完璧に話すボアッチ嬢。久々に楽しいと感じた。

「てか日本人と話すの超久しぶりなんだけど！　まじヤバい！」

僕の太ももの上に脚を乗せてリラックスモードの彼女も、久々の日本語のコミュニケーションを楽しんでいるように見えた。

サンパウロの場末ボアッチ店内。

日本語で言いたい放題

「ねー、あの子、超キモくない？ほら！　キッショ！　マジないわ」

「私とあの子だったらどっちがタイプ？」

「は？　あれのどこがいいの？趣味わっる！」

皆、日本語が分からないのをいいことに、大きな声で言いたい放題。このハーフ嬢、この店のナンバーワンとのことだった。確かに見た目はかわいい。ブラジルの女の子は、日本人の感覚では横にデカすぎる子が多いが、日本育ちの彼女はスレンダーでモデルのようなスタイルだった。

僕たちが楽しそうに話していると、他の客からの視線を感じた。

「あの客、常連で私のこと待ってるのよ」

近くの席からじっとこちらを見つめている男を横目に彼女はそう言った。他にも店に入ってきたばかりの男たちが彼女に目線を送ってくる。よそ者の僕たちが人気嬢を独占している状態がなんとなく居心地悪かったが、気にしないことにした。

ベッドでも上から目線

日本の話で盛り上がりながらしばらく飲んでいると、彼女は僕の太ももの内側をさすりながら小声で呟いた。

「ねぇ……私とセックスしたい？」

正直反応に困った。彼女は美人だ。スタイルも良い。話してる分には楽しかったが、ギャルっぽい口調や態度から性欲が今ひとつ湧かずにいた。

しかし、こんな珍しい体験を逃すのはエロブロガーとしてありえない。サンパウロの場末のボアッチで日本のハーフの子に会うなんてもう二度とないだろう。それに加えて、自分がナンバーワンであることを誇示し、他の子を見下している彼女のベッドの上での実力が気になった。

「うん、セックスしたいよ」

短い時間にいろいろ考えて、そう答えた。料金は30分で90レアル（約2700円）。この辺りの相場より少し高めだが、高級ボアッチに比べたらはるかに安い。受付で金を払い、上の階にある個室に向かった。

「へぇ、キスは下手ではないかな」

口調は常に上からだった。M男にはちょうど良いかもしれないが、そんな趣味はない。生意気な彼女をヒーヒー言わせてやりたいところだったが、そう上手くはいかなかった。

「悪くないんだけどぉ、ちょっと物足りなかったかなぁ。ブラジル人はもっとガンガン突いてくるよ？」

口では煽ってくるが、最中はスイッチが入ったのか、ポルトガル語でなにやら気持ち良さそうな声を発していた。

「そっかー、もっと激しいほうがいいんだ！　ごめんね」

それだけ伝えて部屋をあとにした。

この夜、ボリビアに向かうフライトに乗るため最終バスで空港に向かう予定だったが、セックス後も彼女の引き止めにあって深酒したためバスを逃し、タクシーで空港まで向かうことになってしまった。貧乏旅にしては散財してしまったが、この夜の体験は忘れられないものになった。

BRAZIL

ブラジルまとめ

危険度：★★★★★★★★★★

ブラジルの治安は世界最悪レベル。貴重品は持ち歩かず、襲われても絶対に抵抗しないこと。

美人度：★★★★★★★★☆☆

黒人、白人、ラティーナ、アジア系、それぞれのミックスと人種は世界一多様。大きなお尻＝魅力的とされており、尻が異様にデカイ子が多い。

満足度：★★★★★★★★☆☆

風俗でもセックス大好きな女の子が多く、ガチ濃厚セックスの確率が高い。セックスだけで評価すると個人的にブラジル女子は世界一。

衝撃度：★★★★★★★★★★

スラム街置屋のインパクトは個人的に世界一。また必ず行きたい。

予算／オプション

○ヴィラ・ミモザ…50 ～ 60 レアル（約 1500 ～ 1800 円）
○大衆ボアッチ…90 レアル（約 2700 円）

旅の気づきとポイント

サンパウロやリオ・デ・ジャネイロを訪れる人が多いが、印象に残っているのは東北のサルバドールという街。サンバやカポエイラの中心で、アフリカ系黒人が多く、他の街と違った雰囲気が楽しい。ただ、治安は悪い。

WORLD SEX TRIP 32

コロンビア

メデジンで美女と出会う方法を超真面目に検証した

「メデジンにいると首を痛める」

この時間が永遠に続けばいいのに。

彼女を膝に乗せて酒を飲んでいると、心からそう思えた。今まで出会ったなかで1、2を争う美女。アプローチしてもつれない態度だった彼女が実家に招待してくれたのがたまらなく嬉しかった。

コロンビアは美女輩出国として知られている。実際にコロンビアに行った旅人からもその噂は聞いていた。どうしてもコロンビアで美女と仲良くなりたかった僕は、スペイン語を勉強した。半年間もスペイン語圏を旅してきて、時間が経つに連れてある程度上達した。今ならスペイン語で女の子を口説けるかもしれない。

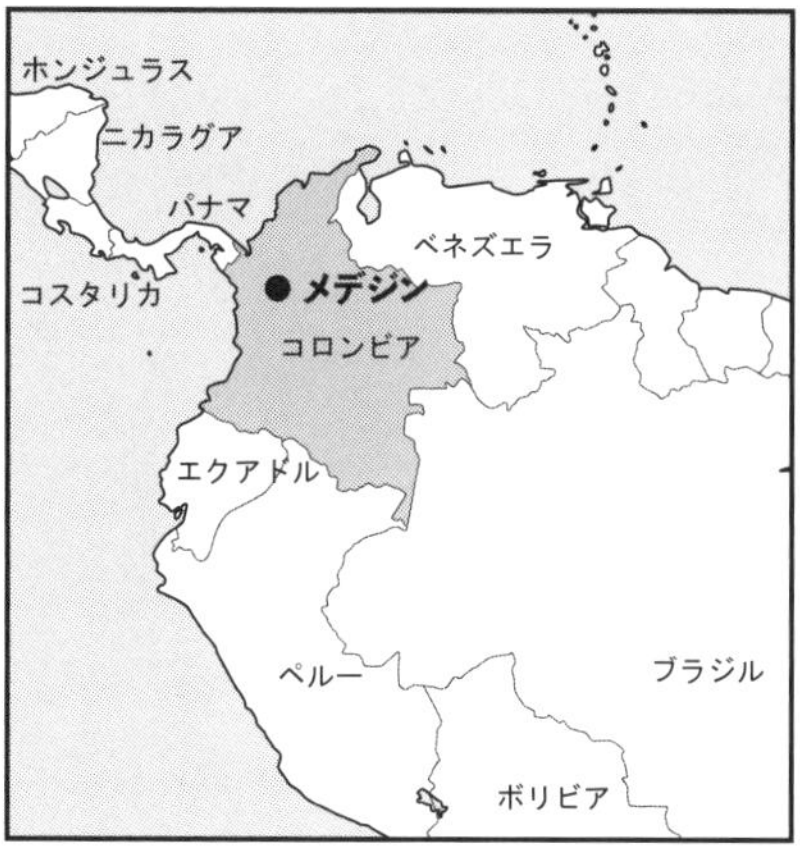

コロンビアにメデジンという街がある。秋田美人と同じように、メデジン出身の女の子は美人と言われている。実際街を歩いていると、美女とすれ違って振り返る回数が圧倒的に多かった。「メデジンにいると首を痛める」というジョークがあって、なるほどなと思った。そんなメデジンで、思いつく限りの方法で美女との出会いを模索した。

ディスコテカで出会う

方法：
○美女が多そうなディスコテカ（Discoteca＝ナイトクラブ）を見つける
○ダンスに誘う
○連絡先交換、あわよくばお持ち帰りに繋げる

メリット：
○シンプル（日本で言えばクラブでナンパと同じ）
○ダンスのハードルは低い
○音楽がうるさいのでスペイン語ができなくてもノリと勢いでなんとかなりそう

デメリット：
○サルサダンスが難しい
○男女含む友だち同士、もしくはカップルで来てる人がほとんどで、ひとりだと絡み方が難しい

友だちの紹介で知り合ったメデジンの美女。親戚とのパーティーに呼ばれた。

考察：

ディスコテカでの出会いは端的に言えばナンパ。正直、ナンパは苦手で当時はほとんど経験がなかった（のちにナンパするようになるのだが、ここでは割愛）。

コロンビアのディスコテカでは「一緒に踊ろうよ」と誘うのが一般的。ところが、女の子だけのグループがほぼ見つからなかった。ほとんどカップルか男女混合グループのいずれか。男女グループの子を踊りに誘うのは流石にハードルが高い。何もできないままただ時間が過ぎていった。

そんななか、突破口を見出した。男女グループの男とまず仲良くなるのが有効だと気がついたのだ。そして、その男を足がかりにグループ内の女の子にアプローチ。

思いのほかうまくいき、この手を使って何人かの女の子と密着ダンスできた。ただ、男友だちから「あいつと踊ってきなよ」と促されてやってきた女の子の大半はそこまでノリ気ではなかった。これは単なる僕の魅力不足。

当時の自分を分析すると、

外見：長期旅行中のため服は必要最小限。髪はボーボーロン毛
ノリの良さ：典型的な日本人
経済力：アラサー無職
スペイン語力：カタコト

これでは厳しい。コロンビアでは日本人男性がモテるという話を聞いたことがあったが、全然そんなことはなかった。ディスコテカで得た成果は、17歳のかわいい女の子の頬にキスしたくらい（17歳なのになぜ店に入れるのかは不明）。

結局、いくつか連絡先をゲットしただけで不発に終わった。

風俗で出会う

方法：
◯風俗で好みの女の子を見つける
◯連絡先を交換し、店外デートに誘う

メリット：
◯セックスが確約されたデートができる

デメリット：
◯お金が発生（いわゆるパパ活）
◯かわいくてスレてない女の子と出会うのは難しい

考察：

ディスコテカでの出会いが難しいと判断して次の手を考えた。風俗で店外デートを持ちかける方法だ。彼女たちがお金のために働いていることは間違いない。お店を介さずに収入を得られる店外デートは、金額次第では完全にwin-winの関係だ。

メデジンで潜入したとある風俗店の子は、安い風俗特有のスレ感がまったくなく、服装やアクセサリーを褒めてくれる気がきくいい子だった。この子を誘ってみよう。返事はあっさりOKで連絡先を交換した。子どもを連れてきたらどうしよう……（出産経験ありということはプレイ中にわかった）。

待ち合わせ当日。ドキドキしながら待った。約束の時間から30分後。小綺麗な服に身を包んだ彼女はひとりで現れた。南米では待ち合わせ時間なんてあってないようなもの。30分はオンタイム。

それからしばしデートを楽しみ、食事してラブホテルでセックスした。お店での出会いは、セックスが確約されているのが良い。安めの風俗にいる女の子はともかく、高級店なら若くてとびきりかわいい子が見つかるだろう。金銭的に余裕のある人は試してみるといい。「Sugar Daddy（いわゆるパパ）」を求める女の子は今やどの国にもたくさんいる。

路上で出会う

方法：
○路上演奏など、何かしらのパフォーマンスをする
○好みの子がいたら連絡先を交換、後日デートに繋げる

メリット：
○興味を引くところまでは簡単
○単純なナンパより気持ち的なハードルが低い

デメリット：
○パフォーマンスをする勇気がいる
○出会いたくない人に絡まれる
○興味は引けるが男として見られない

考察：
旅をはじめる前、ギター1本で路上演奏しながら世界一周する旅人に憧れていた。
「路上は出会いで溢れている」
彼のその言葉が強く印象に残っていた。よし、僕も路上で勝負しよう。

ただし問題がある。まったく楽器を弾くことができない。どうしたら路上で出会えるか……。そう考えて行き着いたのが「日本食」だった。

おにぎりとお好み焼きを作って、人が大勢集まるイベント会場に向かった。びびりながらも声を張り上げると、反応は悪くなかった。子連れのおばちゃんが話しかけてきて、いきなり売れた。

やった！ と思った。いや、喜んでいる場合ではない。目的はコロンビア美女との出会いだ。極端な話、まったく売れなくたったいい。分かってはいるものの、売れるとどうしても嬉しくなってしまう。海外の限られた食材で、外国人ウケする日本食を考えて作った料理が売れていくのは、思ったより感慨深い。

1時間経過。注目こそされるものの、実際に話しかけてくる人は少ない。そして何より大きな誤算だったのは、美女はだいたい男と一緒にいる。加えて、輩が絡んできたり、からかってきたりする。なんとかやり過ごして売り歩いていると、ついにかわいい子ふたり組を発見した。狙いを定めて笑顔で近づき、世界一周旅行中であること、日本食を売って歩いていることを説明した。

反応はそこそこ良い。近くで見ても美女。購入には至らなかったが、何の問題もない。

J「また今度買ってね！　ところでFacebook持って……」

女の子「持ってないよ。じゃあね～、がんばって！」

あっという間に逃げられた。さっきまでのフレンドリーな会話はなんだったんだ。同じようなことが3回あった。話しかければそれなりに対応してくれる子は多い。興味はあるようだが、そこ止まり。

結局、連絡先交換にまで至ったのはふたりだけ。そしてなぜかふたりとも男（聞かれたので仕方なく教えた）。この日の夜、そのうちひとりに誘われて飲みに行った。

本来の目的から外れるが、路上パフォーマンスで現地人と知り合って、仲良くなるのは楽しかった。路上は出会いで溢れている。

友だちの紹介で出会う

方法：
○コロンビア人の友だちがいる人と仲良くなる
○女の子を紹介してもらう

メリット：
○ほぼ確実に仲良くなれる
○女の子の趣味・嗜好など、ある程度の前情報を得た上で戦略がたてられる

デメリット：
○美女と出会えるかどうかは運次第

考察：
友人の紹介でついにコロンビア美女と出会った。白い肌、すらりとした長身、栗色の髪、整った顔、そしておまけに巨乳。完璧だ。友人数名に写真を見せたが、日本人もコロンビア人も全員絶賛するレベル。
「僕、紹介しますよ。すっげーかわいい子。Mって名前なんですけど、どこに出しても恥ずかしくないっすよ。22歳の大学生っす」

日本人の旅人Jは以前にメデジンに滞在していたことがあり、コロンビア人の友だちがいた。セックスを求めて旅する僕の活動について説明すると、協力してくれることになった。

約束の当日、待ち合わせの駅から出てきたのはとびきりの美人だった。Mが大の写真好きだという情報は事前に入手していた。カフェで一緒に写真を撮り、「後で送るよ」というスムーズな方法で連絡先を交換。勝負はここからだ。一緒にディスコへ行く約束をした。

M「Jも来るんだよね？」

彼女は紹介に至った経緯、つまり僕が女性として気に入っていることを知らない。この段階ではあくまでJの友だちにすぎない。日本でよくあるお付き合いを見据えた紹介とは異なる。

こうしてJも含めて数人でディスコに行くことになった。その日はなぜか、コミュニケーションミスによる小さいトラブルが重なった。レストランで変更を頼んだはずのメニューがMの勘違いでキャンセルされてしまったり、入ったディスコの音楽が目的のものと違って入場料を損してしまったり。自分のせいで無駄なお金を払わせてしまったMのテンションはただ下がり。まったく盛り上がらないままお開きになってしまった。

その後もデートに誘ってはみたものの、クリスマスと年末だったため「家族と過ごす」との理由で断られてしまった。

そして大晦日。なんと、Mの家に招待された。家族で過ごす年越しパーティーだ。Jは既にメデジンを離れていたので、僕ひとり。チャンス到来。

家にお邪魔して、おばあちゃんの手作りご飯を食べ、酒を飲みながら音に合わせて踊る。Mの腰に手を回してソファーに腰掛ける。お国柄なのか性格なのか、Mのスキンシップは激しかった。肩を組んだり、腕を組んだり、話すときは顔の位置も近い。僕に惚れてるんじゃないか。そう思えてくる。

年が明けて数時間後、パーティーはお開きになった。この日はMに会うラストチャンスだった。先の予定があり、メデジンにこれ以上滞在するわけにはいかなかった。もちろん、Mとの展開次第では予定変更するつもりだったが。パーティーには家族がいるので、これ以上一緒にいるのは難しいと分かっていた。でも言わないときっと後悔する。

「もっと君と一緒にいたいんだけど」

素直な気持ちをそのまま発した。

「いとこが車で送ってくれるから今日は帰ったほうがいいわ」

こうしてあっけなく帰路につき、翌日、次の街に向けて出発した。

Mとは今でも連絡をとっている。いつになるか分からないが、Mを落とすためにメデジンに戻りたい。


最後に、Mを紹介してくれた友人Jから聞いた後日談をつけ加えておく。

「おれ、Mと仲良くなって告ったんだけど、フラれちゃったんですよね。いや、距離とかすっげー近いし歩いてると腕とか肩とか普通に組んでくるんすよ。絶対おれのこと好きだと思うじゃないっすか？　それなのに『Solo amigo（ただの友だち）』って。JOJOさん、マジ勘違いしちゃだめっすよ。あ、あとMってちょっとレズっぽいんすよね。Mの友だちから聞いたんですけど、男が皆言い寄ってくるから嫌になっちゃったとかで。まぁ本当かわかんないんで頑張ってくださいね」

COLUMBIA

コロンビアまとめ

危険度：★★★★★★★★★★

コロンビアの治安は悪い。特に首都ボゴダでは強盗被害が多く、危険な街としてバックパッカーの間でも有名。メデジンでも過去に、日本人旅行者がひったくりを追いかけた結果、射殺される事件が起きている。襲われたら抵抗せず、盗られたものはきっぱり諦めること。命には代えられない。

美人度：★★★★★★★★★★

「どの国の女の子がかわいかった？」と聞かれて、即答する国のひとつ。

満足度：★★★★★★★★☆☆

友人の紹介で出会った美女を落とせなかったことが心残りだが、十分楽しめた。

衝撃度：★★☆☆☆☆☆☆☆☆

美女が多いという噂に間違いはなかった。ただ、期待が大きかったので衝撃度は低め。

予算／オプション
〇デート代のみ

旅の気づきとポイント
メデジンは標高が高く、一年を通じて穏やかな気候であることから常春といわれている。ただ、観光は正直物足りない。食事もパッとしない。風俗や素人女子との出会いを中心に楽しむべし。

WORLD SEX TRIP 33

エクアドル

「SEX8ドル」山奥のビアホールで見つけた衝撃メニュー

山奥の風俗

「SEX8ドル」

壁に堂々と貼られたそのメニューは、「居酒屋かっ！」とツッコミたくなるようなものだった。

ビアホールの壁沿いにはホールを取り囲むように小部屋があり、ドアの前には女性が腰掛けている。その様子を見ながらビール片手に盛り上がる男性たち。田舎の山奥でたまたま見つけた風俗の光景は今でも鮮明に覚えている。

そのビアホールはエクアドルの海岸沿いの小さな街、サンビセンテにある。首都のキトからバスで7~8時間ほど。中心地にあるメルカド（市場）からバイクタクシーに乗り、山の方へ向かっ

「セックス8ドル」の貼り紙。現在は6ドルに下がっているらしい。

た。小さな街を離れてすぐに周りには何もなくなり、山道を登っていくと10分程で目的地に着いた。

視線が突き刺さる

入口にはセキュリティのような男がふたり。

「Identificación」

エクアドルの風俗では毎回IDの提示を求められる。外国人の場合はパスポート必須。

ビアホールは地元民で混み合っていた。視線が一気に集まってきて、居心地の悪さを感じたが、いつものことなのですぐに慣れた。首都のキトの置屋ではここまで注目されなかったので、アジア人、いや、外国人がほとんど来ないんだろう。

ひとりでテーブルについてビールを注文する。目が合った近くのテーブルの3人組に話しかけて、一緒に座らせてもらうことにした。スペイン語圏の国を旅して8か月ほど経ち、最低限の会話はできるようになっていた。

店のシステムについて聞いてみると、気に入った女の子がいたら話しかけて部屋に入ればいいという単純なものだった。「時間は？」と聞くと「一発終わるまで」。

さて、ぼちぼち女の子のチェックに行くか。立ち上がると、また一斉に視線が集まった。この状況で女の子を選ぶのは気まずい。男たちはビールを飲んでいるだけで、部屋に入る様子がほとんどない。

「部屋、行かないの？」

一緒に飲んでいたやつに聞いてみると「金がない」と。なおさらアジア人の動きが気になるわけだ。女の子に話しかける時はすべてのテーブルから丸見えなので、ここで遊ぶには強いハートが必要だ。

冷やかされながら部屋へ

女の子は全部で10人ちょっといた。値段なり、というか、8ドルという安さで文句をつけるのは粋じゃない。ひとりだけ若くてそこそこかわいい子がいた。いや、そう思い込むことにした。だらしない体型の子が多いなかで、スタイルは細身。目が合ったので笑いかけてみると、彼女も微笑んだ。

「お前、あれが気に入ったのか？」

テーブルに戻ると聞かれた。

「部屋に行きたいか？　いつにする？」

何かと世話を焼いてくれる男たち。すぐに入ることにした。2時間後にはグアヤキルに向かうバスに乗る予定だったので、時間がない。そうでなくても、この雰囲気で長居するのはごめんだ。

一緒の席に座った地元民3人組にビールを次から次にねだられていた。大瓶1本1・5ドルなので大した金額ではないが。彼らのうちひとりが女の子に合図してくれた。

「よし！　行って来い」

視線を感じるが、これくらいで怯むことはない程度にメンタルは鍛えられている。周りのテーブルの男たちから冷やかされながら部屋に入った。

8ドルならこんなものか

部屋はベッドとトイレと物をおくスペースがあるだけの簡易的な作りで、アジアの底辺置屋を彷彿とさせる。壁の上はしきりがなく天井が繋がっていて、ビアホールのガヤガヤした音がそのまま聞こえてくる。

会話もそこそこに彼女が脱ぎはじめたので後に続いた。ふと目をやると、皮がシワシワでたるんだお腹が気になった。南米の風俗には多いパターン。子どもだけ作って男が逃げてしまったなんて話を幾度となく聞いていた。

さて、プレイはベッドに寝かされていきなりコンドームを被せられ、股を開いて「はい、どうぞ」といったものだった。予想はしていたが、前戯一切なしはきつい。とは言え、言う通りにするしかない。どうせこんなもんだろうと思って、しっかりドーピング（勃起薬を服用）してきた。時計をチラチラ確認しながら、短時間で発射した。

お金は部屋で女の子に直接払うシステムだった。会計はビアホールの壁に貼ってある通り8ドル（約850円）。メルカドからの交通費のバイクタクシー（片道1ドル、往復2ドル）を入れても10ドル（約1100円）だ。10ドル札を渡すと、お釣りを持って行くから席に戻って待っているように言われた。これはお釣りを持って来ないかもな……。そう思ったが、意外や意外。心配をよそにすぐにテーブルまで2ドルもってきてくれた。明朗会計で素晴らしい。

ちなみにこのビアホールには、数年前には中学生くらいの年齢の子がいたらしい。地元男たちが嬉しそうに教えてくれた。

エクアドルまとめ

危険度：★★★★★★★☆☆☆

南米の周辺国同様に治安はよくない。特に夜外出するときには要注意。

美人度：★★★★★☆☆☆☆☆

ヨーロッパ系、アフリカ系、先住民系が混ざっているが、コロンビアと比べるとやや先住民系の顔立ちが多く美人度は劣る。

満足度：★★★☆☆☆☆☆☆☆

置屋がとにかく安い。女の子のレベルはそれなりだが、値段を考えれば文句はない。ただ、スペイン語は必須。

衝撃度：★★★★★★★★★☆

壁に貼られた「セックス８ドル」のメニューは世界トップクラスの衝撃。

予算／オプション

○セックス…8 ドル（約 850 円）
○ビール…1.5 ドル（約 160 円）

旅の気づきとポイント

エクアドルの観光のおすすめはガラパゴス諸島。大きな亀、イグアナ、アザラシなどいろんな動物が触れられるほど近い距離にいて、健全な非日常を楽しめる。

34 チリ

チリ北部にアタカマという砂漠地帯がある。標高が高く乾燥した砂漠であるため、世界一星空が綺麗に見える場所として知られている。アタカマで一時的に一緒に旅していた日本人女子バックパッカーたちと飲んでいる時に、砂漠で朝までパーティーをやっているらしいと聞きつけて深夜の砂漠に出かけた。ふたりきりになったタイミングでキスして、そのまま砂丘を登って立ちバックで青姦。世界一の星空を眺めながらのセックスは最高だった。

35 アルゼンチン

パタゴニアを旅している時のこと。安宿で仲良くなった女の子と一緒に自炊して、アルゼンチン名物の安くてうまい牛肉と美味しい赤ワインでいい感じに。空き部屋にふたりで忍び込んでセックスした。ちょうど彼女の服を脱がせたところでドアが開いた。様子がおかしいことに気づいて確認しにきたスタッフだった。今すぐ荷物をまとめて出て行けと激怒されたが、裸の女の子を部屋に残してスペイン語で交渉。ベッドひとつ分の追加料金を払うことで合意し、ドミトリーの部屋に戻ってセックスした。スペイン語を覚えてよかった。

36 ペルー

リマの郊外に世界最大規模の置屋がある。幹線道路から奥まったところにあり、地元民に聞きながらようやく発見。入場料を払って入ると圧巻。二階建てのフロアに個室が並んでいて、200人を超える女の子がいる。料金は1000円ほど。あまりの安さと規模に2回続けて遊んでしまった。帰りは置屋の敷地内からリマ市街地に直行する乗り合いバンが出ていて驚いた。

37 ボリビア

絶景スポットで有名なウユニ塩湖にはベストシーズンの1～2月になると大量の日本人や韓国人が押し寄せてくる。鏡張りの幻想的な景色を見ながら思った。「ここでセックスしたら気持ちいいに違いない」。ウユニツアーのドライバー軍団になんとかならないか聞いてみると、車を個人でチャーターしてウユニの街にある置屋から女の子を連れて来れば可能だと。女の子を長時間拘束する分と車のチャーターでお金はある程度かかるが、興味がある人は試してみてほしい。

38 ベネズエラ

世界最大の落差があるエンジェルフォール・ツアーに参加するため、シウダ・ボリバルという街にしばらく滞在した。ベネズエラ東部の商業の中心の街で、そこそこ栄えていた。当時のベネズエラは治安が非常に悪く、18時になるとほとんどの店が閉店。強盗対策でどの店も頑丈な鉄格子がついている。停電がしょっちゅうあり、歩いているときに突然暗闇になって怖い思いをしたこともあった。風俗を探したかったが怖くてできなかったのは、この街と南アフリカのヨハネスブルグだけだった。

MIDDLE EAST

— 中東 —

WORLD SEX TRIP 39

イラン

イスラム教女子とセックスしたい！

イスラム教徒の女の子を抱いてみたい

不謹慎だが背徳感のある行為にそそられる。厳しい戒律により若い男女のデートすらままならない国で、イスラム教女子とセックスする方法を模索した。ムスリム女性と関わって、イスラム法に基づく国での若者の恋愛事情が少しだけ垣間見えた。

No.1：握手拒否（23歳学生）

はじめてムスリム女子との約束を取りつけ、緊張しながら待ち合わせに向かった。現れたのはキリッとした目が印象的な美人。

「はじめまして！」

手を差し出すと、ためらっている彼女。

「ごめんなさい、警察に見られるとまずいから……」

あわよくばセックスとまで考えているのに、まさかの先制パンチ。確かに、この時いたマシュハドという街は保守的だと聞いていた。でもまさか握手まで拒否されるなんて。

街を少し歩いて、おしゃれなカフェに入った。席の下には水が流れていて、少し薄暗い照明が良い雰囲気を作っている。床にべたっと座って飲むお茶。もちろん酒はない。イスラム女子と付き合ったらこういうところでデートするのか。そう考えると、目の前の光景がとてもエモいものに見えてくる。結局、口説くきっかけすら見出せずお開きになってしまった。（カラーページP8の写真の女の子）

No.2：超絶美女（22歳学生）

抜群に綺麗な女の子とアポがとれた。

待ち合わせ場所に現れたのは写真を上回る超絶美女。世界中旅して出会ってきた中でもトップクラス。まさかこんな国で出会うなんて。ただ残念なことに、女友だちを連れだってやってきた。

美女「どうして私にメッセージくれたの？」

J「君が綺麗だったからだよ」

美女「まぁ！　ありがとう！」

嬉しそうにしている。英語が流暢で会話も弾む。

美女「この近くで私の彼が働いてるんだけど、ちょっと寄らない？」

なんだと……。予想外の展開に萎える。イランは手強い。

ショッピングモールのメンズ服店に連れて行かれ、彼氏を紹介された。イケメン彼氏は英語が話せないが、自分の彼女を狙ってるアジア男にお茶を出してれる親切なナイスガイだった。
J「彼かっこいいね！　どれくらい付き合ってるの？」
美女「3か月くらいかな」
J「付き合いたてなんだ！　結婚とか考えてるの？」
美女「結婚なんてないわよ。彼は〝そういう相手〟じゃない」
J「どういう意味？」
美女「結婚するならもっとジェントルマンでちゃんとした人じゃないと。彼じゃないわ」
さらっとドライなことを言うイランの超絶美女の結婚観。興味深い。
J「じゃあカフェでも行こっか！」
美女「あ、ごめん。電話。ちょっと待って」
J「……」
美女「お父さんから帰ってくるように言われちゃった。私行かなくちゃ。ごめんなさい。友だちが相手するから楽しんでね！　じゃあまた！」
友だちを残してタクシーで去って行った。この状況で友だちがかわいいなら結果オーライだが、そんなうまい話はない。ただ、これはこれで面白そうなのでそのまま友だちと食事することにした。
こうして彼女の案内で郷土料理のレストランに入った。意外にも会話は盛り上がった。
友人「私ね、ドイツ人の旅行者に恋をしたの。いえ、今だって恋してるわ」
イランで出会った旅行者に惚れてしまったらしい。ここまで惚れるからには長いこと一緒にいたんだろう。
J「どれくらい一緒にいたの？」

友人「3日間よ。私、ドイツに留学して彼と結婚したいの。最高の時間だったわ。一緒にパーティーに行って、お酒飲んで踊って……それでキスしたの」
なるほど、盛り上がればイランでも酒を飲んでその流れでイチャイチャできると。イランでは飲酒は違法だが、家庭で海外から流れてきたウォッカにフルーツをつけて自家製の酒を作っていることがあり、何度か見かけた。
友人「でもセックスまでしなくて本当に良かったわ」
J「え？　してないの？」
友人「そうだけど？　私、処女だし。結婚するまでしないわ」
かなり遊び慣れてそうに見えたのだが。保守的な国での「処女の重要性」について、この時点ではまったく理解していなかった。
J「S（美女）をデートに誘おうと思うんだけどどう思う？」
友人「いいじゃない！　行きなさい！」
友だちの支持を得たので、翌日別の街に移動するつもりだったが、予定を変えて延泊することにした。あまりにも美女だったので、一度しっかり話してみたくてそのためだけに。
翌日デートに誘ってみると、微妙な反応が返ってきた。誘いは嬉しい、でもあなたは遅かれ早かれいなくなるでしょ、そんなの嫌だわ、と。真面目に一目惚れしたから会ってほしいと食い下がると、デートとしてじゃないなら会っても良いと。
「じゃあ明日、大学終わったら連絡するね」
約束を取りつけた。楽しみに待っていたが、結局このデートは実現しなかった。父親が学校まで迎えにきてそのまま夕食に向かうから今日は無理だと、翌日もドタキャンされてしまった。家族がとても厳しいことは友人からも聞いていた。夜は基本的に外出させてもらえないらしい。この街に留まる理由は彼女だけだったし、これ以上の発展は望めなそうなのできっぱり諦めた。

あれから5年経つが、彼女はジェントルマンを捕まえられたんだろうか。メッセージを見返していると、久しぶりに連絡してみたくなった。

No.3：美人姉妹（22歳学生、25歳学生）

民泊サイトを通じて知り合い、泊めてもらうことになった。

会った瞬間にテンションがあがった。妹は無邪気なかわいい系、姉は頭がよくてスタイルが良い美人系の姉妹だった。郷土料理をごちそうになり、街を案内してもらい、おもてなしを受けた。

妹と街へ出かけて古い橋に座りながら夜景を眺めていたときのこと。

妹「寒いわ」

J「そうだね、ちょっと寒いね」

手を握ってみる。

妹「ノーサンクス！」

仲良くしてたけど、そういうのはダメらしい。

妹「マリいる？」

J「マリ？」

何のことかさっぱり分からなかったが、マリファナのことだった。イスラム教ではもちろん禁止されている。家族が寝静まった後、暗いリビングで一緒に吸った。良い感じに楽しくなってきたところで、再び彼女の手を握ろうとした。
妹「ノーサンクス！」

No.4：女子大生3人暮らし（24歳学生）

同じく民泊サイトで知り合った女子大生。

家に案内してもらうと、なんと女子大生3人暮らしだった。親元を離れて暮らすムスリム女子の花園。ものすごいイケないことをしているようで、シチュエーションだけで興奮が止まらない。ホストの子は普通だったが、同居人のひとりが美人だった。

美人「週末なら時間とれるから一緒にどこか行きましょう！」

No.2の美女の友だちが「旅行者と一緒に出かけてパーティーしてお酒飲んで恋をした」と言っていたことを思い出した。同じような展開が待っているかもしれないと考えるとワクワクする。

美人「私の彼が車出してくれるから！　これが彼なの」

手渡されたスマホの画面には、冴えない太った男が写っていた。

No.5：地味な女（27歳事務職）

待ち合わせ場所に現れたのは、どこか垢抜けない雰囲気の女性だった。これまで会ってきたコミュ力が高いタイプとは違って、地味で賢そうな優等生タイプ。

街を案内してもらっていると友だちが合流してきた。友だちも同じように地味。一緒にランチへ行くと、トイレに行ってる間に会計が済んでいた。

「いくらだった？」

「心配しないで！　あなたはゲストだから！（＝奢るわよ）(Don't worry! Be my guest!)」

なぜか奢ってくれた。

お洒落なカフェへ移動すると、ふたりともタバコを吸いはじめたので驚いた。イランではあまり見ない光景だ。

「外だと吸えないの。女がタバコ吸ってると、みんないい顔しないから……」

日本も昔はそんな感じだったんだろうとふと思った。会計になるとまた奢ってくれた。物価が安い国の事務職の女性と、趣味で世界中を旅している貧乏旅行者。一体どちらが多く金を持っているんだろう。

「Be my guest」

イラン人のホスピタリティはすごい。

No.6：彼氏と同棲中の女（26歳会社員）

てっきりひとり暮らしだと思って民泊リクエストを出した彼女は、彼氏と同棲中だった。未婚の男女の同棲はこの国では珍しい。案の定、家族には隠しているとのことだった。

ある日のこと。

「私ちょっと家にいたくないんだけど、散歩しない？」

彼と喧嘩したらしい。事情を聞いていると泣いてしまったので慰めた。

翌日の夜。いつもはずっと家にいる彼が珍しく友人と食事に出かけていなかった。部屋には彼女と僕のふたりきり。イランでは女性は外で肌を露出させてはいけないと法律で決まっている。その反動か、室内では薄着なのは、これまで泊めてもらった子の様子から分かっていた。

この夜の彼女は、ぺらぺらのワンピース一枚だった。なんてことないのは分かってるが、外では決して見えない姿にドキドキする。心なしか距離が近い気がした。彼に不満がある状況で、目の前には優しくしてくれる後腐れのない外国人。彼女は処女ではないだろう。

これ以上一緒にいると我慢できなくなってしまいそうだったので、ひとりで外に出かけた。彼氏がいるだけの女の子ならまったく気にしないが、親切にも泊めてもらってる上にカップルの彼女に言い寄るのは気がすすまなかった。今振り返るともったいないことをした。

No.7：巨乳の女（26歳学生）

待ち合わせに現れたのは赤いヒジャブを巻いた派手な顔立ちの女子。

英語も上手でコミュ力が高く、話が盛り上がった。不思議と長くいても話が途切れることがなく、彼女とは2回会ってカフェや公園でずっと話していた。

深い話もした。イランの結婚するまで処女でいる習慣について、彼女の恋愛経験について。

「私、処女じゃないわよ」

旅行者の男と甘い夜を過ごしたそうだ。

「あのときは最高だったわ」

遠い目をしている。僕の選んだ戦略は間違っていなかったようだ。

「泊めてあげたかったんだけど、今ちょうど引越中で私も友だちの家に泊めてもらってるの。ごめんね」

タイミングが悪かった。向こうから何度も誘ってくるし、「I really like you」と何度も直接言われた。きっと同じ場所に泊まればイケただろう。

チャンスはある

結局イランでセックスすることはできなかった。厳しいイスラムの戒律のため、女の子は保守的。握手すらできないような国で出会ったばかりの相手とセックスするなんて至難の技だ。

ただ、絶対に不可能かと言うとそうでもない。イラン政府は情報をコントロールしており、海外の情報はなかなか入ってこない。メディアのせいで危険な国というイメージがあり、観光客もそれほど多くはない。そのため、若者たちは外国に興味があり、外国人と交流したがっている。

女の子のなかには、旅行者と恋愛したりセックスした話も聞くことができた。いつかリベンジしたい。

IRAN

イランまとめ

危険度：★★★☆☆☆☆☆☆☆

突発的なテロを除けば基本的に治安は良い。ただし、僕は油断したがために強盗に腕を刺された。

美人度：★★★★★★★☆☆☆

イメージにないかもしれないが目がキリッとしたエキゾチックな美人が多い。

満足度：★★★★★☆☆☆☆☆

いろんな女の子と出会い楽しんだが、攻略できなかったことだけが心残り。

衝撃度：★★★★★★☆☆☆☆

宗教・文化的な背景から恋愛経験がないため、20代でもイラン女子の恋愛感は中学生並み。ここまでとは思ってなかった。

予算／オプション

○デート代のみ。お酒が違法で飲みに行かないため安く済んだ。

旅の気づきとポイント

旅した中でトップクラスに親日で治安が良くて人が優しい国だった。政府が情報をコントロールしていて海外の情報があまり入ってこないので、外国人と接したがる人が多い。酒は禁止だが自家製の酒を持ってる若者が多い。

40 トルコ

イスラム教国家でありながら、トルコには合法の売春地域がある。観光スポットのガラタ塔近くにあるという情報を頼りに探すこと1時間。それらしき入り口を見つけた。セキュリティが数名立っていて、金属探知機のようなものが設置してあり、覗きこむと路地が続いている。「トルコ人は入場料なしだけど外国人は50リラ（約800円）ね」と金を要求された。拒否していると「30リラにしてやる」と。明らかなぼったくりに腹が立って結局入らなかった。貧乏旅行で節約していたので仕方ない判断だったが、潜入しておけばよかったと後悔している。

ASIA

— アジア —

WORLD SEX TRIP 41

アゼルバイジャン

派手なインスタ女子も「結婚するまで処女で当然」

アゼルバイジャンでの出会い

「私とセックスしたいの？　無理ね。この国では結婚するまで処女でいるのが当たり前なのよ」

連日デートしていた女の子に鼻で笑われた。

アゼルバイジャンの首都・バクーで出会った彼女はロシア系の人種だった。国籍はアゼルバイジャン。当時22歳で、ヨーロッパに留学することを目標に英語の勉強をしていた。インスタグラムには胸の谷間を強調した自撮りをたくさんあげていた。派手な見た目で、クラブで飲み歩いてる画像もある。イスラム教徒が多いアゼルバイジャンだが、ロシア系の彼女にイスラムのルールは関

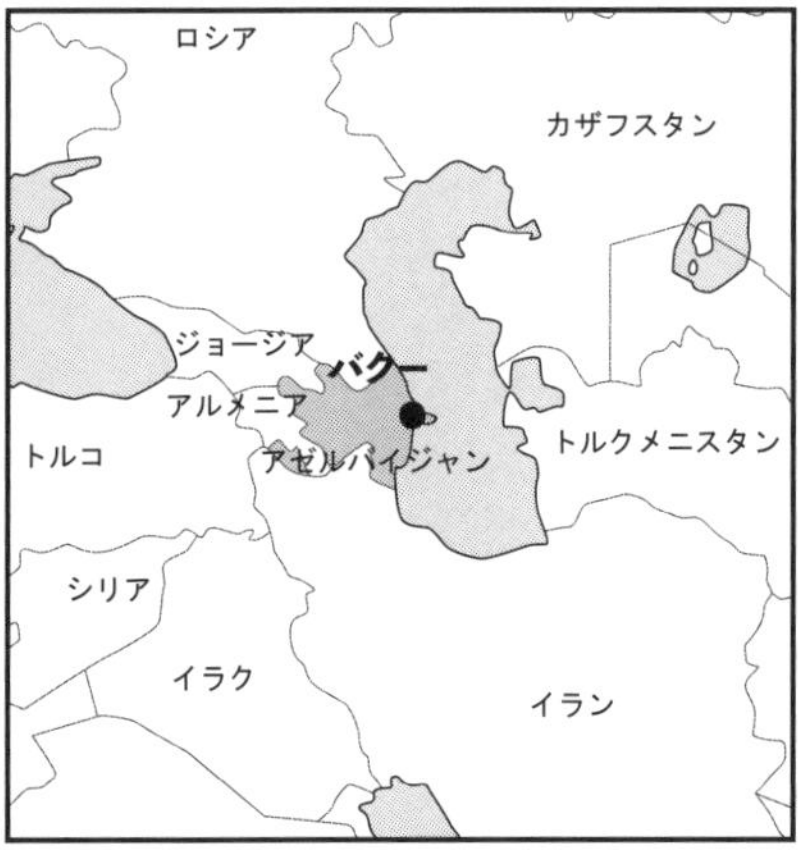

係ない。今時の若い女の子。そんな印象を持っていた。

気が合って連日彼女と遊んだ。昼はカフェでお茶して、夜はバーで酒を飲みながら一緒にシーシャを吸った（カラーページP7の女の子）。

私は処女

連日のデートも3日目になり、シーシャ帰りに核心に迫った。

「もうちょっと一緒にいたいんだけど」

「どういう意味？」

「君のこと好きだから、まだ帰りたくないんだよ」

しばらく黙り込んだ彼女は、セックスがしたいのかと単刀直入に聞いてきた。そうだと正直に答えたが、彼女は冗談でしょとばかりに笑った。アゼルバイジャンでは結婚するまで処女でいることが当たり前。海外に移住したいが、このままだと十中八九アゼルバイジャン人の男と結婚することになる。もしその時に私が処女じゃないことが結婚相手にわかったら大変なことになる。だから私は結婚するまでセックスすることはない。

驚いた。あれだけ派手に遊び歩いている彼女が処女だったということに。さらに、留学だなんだと国際的な感覚を持ち合わせているとてっきり思っていたが、典型的なアゼルバイジャンでの結婚生活を想定していた。「じゃあ俺と結婚する？」と冗談交じりに言ってはみたが、真剣な彼女の表情を見ていると複雑な気持ちになった。

保守的な国とそうでない国

結婚するまで処女でいることが当たり前とされている国は世界中にたくさんある。アゼルバイジャンの周辺国、アルメニアとジョージアもそうだった。アゼルバイジャンにはイスラム教徒、アルメニアとジョージアにはキリスト教徒が多く、違いはあるが、保守的な文化という点は共通していると感じた。結婚するまで処女が当たり前なんて、現代の日本では考えられないだろう。僕自身、中学生の時に初体験を済ませている。

ただ、日本でも数十年前までは同じように結婚まで処女でいることが当たり前だったんだろう。変化をこの目で見てきたわけではないが、国が近代化して発展するにつれて若者を中心に考え方が変わっていくのは当然の流れだ。

南コーカサスの国が保守的な一方で、中南米の国は性に対して寛容だ。経済状況は発展途上でも文化は正反対。小さな頃からダンスに合わせて腰を振り、女らしくセクシーでいることを意識する中南米の国では、セックスにも柔軟だった。

性に対する考え方にも地域差があるのはとても興味深い。

AZERBAIJAN

アゼルバイジャンまとめ

危険度：★★☆☆☆☆☆☆☆☆

治安は良好。

美人度：★★★★★★☆☆☆☆

美人は多いが保守的な文化のため攻略は難しい。

満足度：★★★☆☆☆☆☆☆☆

ジョージア、アルメニアを含めて南コーカサス３か国でいろんな女の子と遊んだが、セックスまでたどり着けなかった。

衝撃度：★★★★★★☆☆☆☆

見た目は今時のヨーロピアン。インスタ女子でも処女が当たり前という事実はある意味インパクト大。

予算／オプション

○デート代のみ

旅の気づきとポイント

アゼルバイジャンはイスラム教がメイン。ただ、旧ソ連なのでロシア系の人がいたり、イスラム色は隣国イランほど強くない。これらの国に女の子目的で行ってはいけない。

WORLD SEX TRIP 42

タイ

バンコクで人生初のフェラをしたら深い賢者タイムがやってきた

「タダだと思った?」

「これってタダだと思った?」

シャワーから出てきた彼女はそう言った。

「どういう意味?」

動揺を隠せなかった。

「親をサポートしている。だからお金が必要だ。サポートしてほしい。嫌なら払わなくてもいい。あなた次第だ」

言い分はこうだった。ショックだった。自分の魅力で落としたと思っていた相手から、セックスの後に金を要求されるなんて。

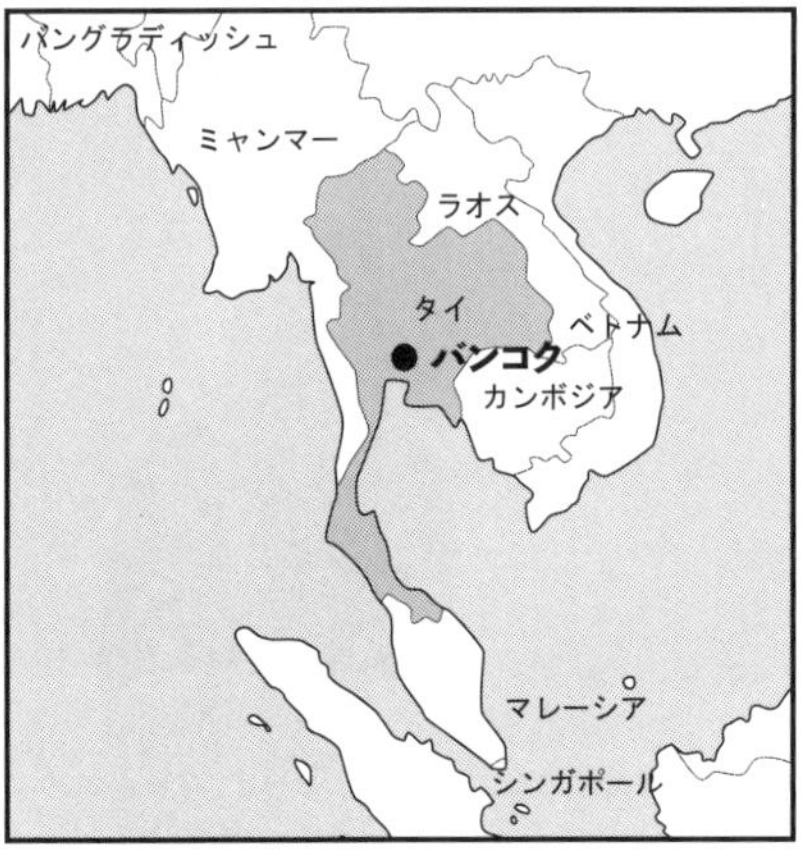

ゴーゴーバーで初体験

レディーボーイは日本でいう「ニューハーフ」「オカマ」のことを指す。LadyでBoy。不思議な組み合わせの造語だ。

ほとんどの男はオカマとセックスするなんて気持ち悪いと感じるだろう。世界中で散々遊んできた僕もそう思っていた。

ナナプラザのオブセッションのレディーボーイふたりと4Pに向かうところ。

実は、はじめての海外風俗体験はタイのレディーボーイだった。ゴーゴーバーで見つけた子をてっきり女だと思ってペイバー（お店にお金を払いお持ち帰りすること）して、セックスした。やけに電気を暗くするのと、あまり身体を触らせてくれないのが気になったが、なんせ海外風俗は初めてなのでそんなもんなのか、くらいにしか考えていなかった。後日、タイに一緒に行った友人がゴーゴーバーの女の子と歩いている時に、僕が初日にペイバーした子が通りかかった。「あ！　あの子知ってる」と口に出すと、「レディーボーイね」とゴーゴーバーの女の子に言われたらしい。こうして僕の海外風俗初体験の相手はレディーボーイだったことが発覚した。多少のショックはあったが、不思議とそこまで嫌な気はしなかった。本物の女の子以上に綺麗だったから。

それから約10年後。オブセッションという有名なオカマ専門ゴーゴーバーで知人と飲んで、勢いでオカマふたりをペイバーして4Pした。

オブセッションには手術済みの子は在籍できないルールがある。つまり彼女たちにはモノがついていた。こんなにかわいい女の子なのに、ちんちんがついている。そのギャップはとてもエロい。

あれよあれよとイキリ勃ったモノを口に放り込まれ、人生ではじめてフェラをした。なんだか興奮した。ただ、この時はひどく酔っ払っていて、頭が正常な状態じゃなかった。あの興奮は酒のせいだったのか。この時遊んだレディーボーイに気に入られて、後日会いたいとせがまれた。シラフで彼女とセックスしたらどう感じるだろう？

気になって会ってみた。酒が入ってない状態でセックスした。今度は自分からフェラもした。セックスそのものは楽しかった。レディーボーイの貪るように濃厚なセックスは悪くない。

でも、レディーボーイが好きなわけではないと悟った。「なにやってんだ、おれ」という深い賢者タイムだけが残った。

マッチングアプリのレディーボーイ

それからさらに2年後。タイの風俗と言えばゴーゴーバー、カラオケ、マッサージパーラー、テーメーカフェなどが日本人に人気だが、どれも定番すぎてのめり込めず、マッチングアプリをせっせとスワイプしていた。そんな時にマッチしたのがレディーボーイの彼女だった。

これまでの経験はプロのレディーボーイのみで、素人との経験はなかった。素人とセックスしてみたら、なにか変わるだろうか？　試してみたい。そんな衝動に駆られてアプローチすることにした。

写真でみる限りかなりかわいい。英語でのやりとりもほぼ問題なし。しかも会えそうな雰囲気だ。プロじゃないかという疑いもあったが、特にお金の話もしてこない。おそらく素人だろうと判断した。

ネットを通じて知り合ったレディーボーイと会う前に必ずやるべきことがある。それがビデオ通話。目的は容姿の確認。タイ人女子は自撮りがうまい。おまけにアプリでガンガン修正している。写真でよく見えても会ってみたら全然違ったという話はよくある。実際に会ってみたら見た目が違いすぎて、お茶だけして即解散した経験が何度かあった。だからビデオ通話。写真と違ってごまかしがききにくい。ビデオ通話してみると、画面の先には写真とさほど変わらない綺麗な子が写っていた。

「なんで私と会ったの？」

素人レディーボーイと会うのははじめてだ。女以上にドキドキする。その感情は決して性的な意味ではなく、はじめての体験に対するドキドキ感が強い気がした。

彼女は少し遅れてやってきた。違和感があった。写真より、ビデオ通話より、全体的にでかい。まんま男というわけではないが、どこか拭いきれない男感。

近くのバーに入った。何の仕事をしているか聞いてみると、営業のマネージャーだった。メッセージのやりとりからも、夜は普通の時間に寝てそうだったので疑いはしなかった。唯一気になったのは「親に仕送りしてる。家を建ててあげる」そんな話。お金かかりそうだな、と思った程度だが。

「彼氏は2年前からいない」

「その間セックスもしていない」

女の子と会うときとまったく同じ会話で恋愛話にもっていく。

「レディーボーイの恋愛はむずかしい」

「なんで私と会ったの?」

「あなたはいつもアプリ使って女捕まえてるの?」

食いついてくる。最近ティンダーで女の子と会ってセックスした、と正直に答えた。

「部屋はここから遠いの?」

「これ飲んだら行こう」

なんと相手からの部屋打診。バイクタクシーで3ケツして部屋に向かった。

「ずるいよ」

ソファーでいちゃいちゃしていると「トイレに行く」と彼女は立った。準備でもあるのかな。そういえばゴーゴーバーのレディーボーイもセックス前には必ずトイレに行っていたのを思い出した。アナルの洗浄でもしてるんだろうか。

片手にジェルを持って戻ってきた。2年もセックスしてない彼女がなぜジェルをもっているのか? 今日こういう展開になるかもと期待してもってきたのか、それとも普段から……。

女性ホルモンを打っているらしくやや小ぶりだったが、彼女のモノはしっかり勃起していた。荒々しくセックスした。もちろんフェラもした。

プロのレディーボーイと遊んだときの深い賢者タイムはなく、普通に女の子とのセックスが終わったときのような充実感があった。レディーボーイもたまには悪くない。

が、その充実感は長くは続かなかった。シャワーから出てきた彼女にお金を求められたのだ。

「君は売春婦じゃないよね？　それにお金のことなんて一言も言わなかった。ずるいよ」

そんな言葉しか出てこなかった。

「別に私のことをどう思ってもらっても構わない。家族をサポートすることが大事だから」

なにも言えない。嫌なら払わなくていいと言っていた。たぶんそれは本当だろう。でももはやお金の問題ではなく、ひどく傷つけられた気分になった。今すぐ部屋を出て行ってほしかった。

財布から1000バーツ（約3500円）を出して渡した。

「ありがとう」

ハグしてきて、耳元で「楽しかった」と囁いた。部屋から出て行く彼女を見つめながら立ち尽くしていた。

パタヤのショーダンサー

この後、パタヤで別のレディーボーイに会った。

マッチングアプリで知り合ったショーダンサーだった。写真では抜群にかわいかったが、会ってみるとやはりやや男感があった。それでも十分許容範囲内で、クラブで一緒に飲んでキスしたりいちゃいちゃした。いい感じと判断して部屋に誘うと「セックスしたいのか？」と聞かれた。正直にうんと言うと「彼氏じゃないからお金が必要だ」と言われた。

「でも、セックスしないなら友だちでいましょう」と。

まったくもって理解不能だった。

僕の首に腕を絡めながら抱きつき、もう片方の手を握りながら笑顔でそう言ってくる。金が欲しくてセックスをすすめてくるわけでは決してない。レディーボーイはプロでなくとも、こうやって売春をしてる子が多いのだろうか。それともたまたまそういう子に当たっただけなのか。経験の母数が少ないので一般論として語るつもりはないが、僕が出会った数少ないレディーボーイたちはどこかおかしい。

その後、多くのレディーボーイと恋愛経験がある知人に話を聞いてみた。大学生や昼の仕事をしていても援助交際するレディーボーイはたくさんいる。バンコク出身の家が裕福で育ちの良い子は除いて、ホテルのレセプションや美容系の子は援助交際している、または経験ある確率がかなり高い。つまり、プロでなくても、経済的な理由で売春することは普通にあるということだ。

タイはLGBTに寛容な社会だと思っていた。多くのレディーボーイが生きていくために売春しているという事実に驚いた。

THAILAND

タイまとめ

危険度：★★☆☆☆☆☆☆☆☆

タイの治安は良好。スリや寸借詐欺にだけ気をつけておけば安全に遊べる。

美人度：★★★★★★☆☆☆☆

値段が上がればいくらでもかわいい子がいるが、置屋や立ちんぼなど安いところで若くてかわいい女の子を探すのは難しい。

満足度：★★★☆☆☆☆☆☆☆

タイのゆるい雰囲気は好きだが、今回の相手とは事後の対応で一気に萎えてしまった。

衝撃度：★★★★★★★☆☆☆

プロではなくてもレディーボーイは売春することが多いという事実は割とショッキング。

予算／オプション

○ゴーゴーバーのレディーボーイと 4P…5000 バーツくらい（約 17500 円、飲み代、バーファイン、ホテル代、チップ込み）

○マッチングアプリのレディーボーイ…1000 バーツ（約 3500 円）

旅の気づきとポイント

夜遊びの物価は年々上がっているが、海外風俗初心者に一番おすすめなのはタイに変わりない。フェラは難しいとわかり、下手くそな女の子にも優しくできるようになった。レディーボーイを抱いて一皮剥けた男になろう。

WORLD SEX TRIP 43

キルギス

ビシュケクで会った変態M女の家に転がり込んだ

高飛車な女

出会いはティンダーだった。

「コーヒーかビールでも飲みながらおしゃべりしない？」

女性側からすぐに誘ってくるのは珍しい。日本の出会い系サイトであれば援交やサクラを疑うところだが、ここは中央アジア。ロシア人と手軽に遊べる風俗サウナ（4000ソム＝約6400円くらい）が有名で何度か足を運んだが、ちょうど飽きてきたところだった。どちらに転んでも面白そうなので誘いに乗ってみることにした。しばらくチャットを続けて、その日の夜に会うことになった。ティンダーの写真は不鮮明で、顔はイマイチよくわからなかった。かわいいわけではなさそうだ。

特に期待せずに待ち合わせ場所に向かった。待ち合わせ時間から遅れること5分。現れた彼女は意外にもかわいかった。

名前はM。大きな目、長い黒髪、長身でスリムな体型。好みのタイプだった。Mは帰国子女レベルの流暢な英語を話した。奥ゆかしいアジア人の要素は一切ない。欧米の気の強い女の子のような性格。

「飲んでるとよく地元の男が声かけてくるんだけど、ほんとバカばっかりなのよね」

はじめて会った日の夜。この後、家に転がり込むことに。

「めんどくさいから5分だけあげるから話してみてって言ったの」

「そしたら『俺、アメリカに2年住んで仕事しててさー』とか自慢げに話すんだけど、それがなんなの？」

「どうせタクシーの運転手とかしてたんでしょ？　つまんないから席に戻れって言ってやったわ」

「私、ここでの生活には馴染めなくて、友だちもあまりいないの」

強烈だが、一晩過ごすだけならぶっ飛んでるくらいの女の子がちょうど良い。

お持ち帰り

あっという間に時間が過ぎていった。性格だけでなくお酒も強いらしい。気づくとビールのジョッキを7～8杯空けていた。

この日はたまたま祭日で街中でイベントをやっていた。カフェを出て、街の中心へ向かう。気がつけば千鳥足になるくらい酔っ払っていた。暗い道を歩いていると、ふと彼女が腕を組んできた。腕を振りほどいて手を握ると、握り返してきた。手をつないだまましばらく街をぶらついた。時刻は0時過ぎ。街の中心地に着くと、イベントは既に終わっていた。

立ち止まったタイミングで抱きしめた。手が腰にまわってくる。鼓動が高鳴るのを感じた。何度かキスをした。周りに人はいたが、深夜だったこともあってかこちらを気にする様子はなかった。

「お腹空かない？」

そういえば、ひたすらビールだけ飲んでてなにも食べていない。どこに行くかも分からないまま歩きはじめた。途中でスーパーに寄った。ビシュケクの中心地には24時間営業のスーパーがいくつかある。Mは卵や鶏肉、ヨーグルトをかごに入れた。

彼女の部屋はビシュケクの中心地にあった。アパートの5階。1DKのシンプルな部屋。目玉焼きと鶏肉のグリルをさっと作ってくれた。

「シャワー浴びてくるね」

食事が終わるとすぐにそう言った。

このあとセックスするんだ。確実にそれが分かるこの瞬間がたまらなく好きだ。風俗とは違う達成感のようなものがこみ上げてくる。見知らぬ土地の見知らぬ女の部屋。相手が外国人だと興奮はさらに高まる。電球が切れて電気がつかないベッドルームでソファーに座って戻ってくるのを待った。

シャワーから出てきた途端、腕を掴んでソファーに引っ張った。キスしながら身体を触りあっているとMはソファーの下に降りて跪いた。手がジーンズにのびてきてあっという間にパンツまで剥ぎ取られた。次の瞬間、ギンギンになった僕のモノを咥えたMの頭が激しく上下するのを上から見下ろしていた。

はじめてだったこともあって、この日はノーマルなセックスに終始した。

どMな性癖

翌朝。家で寝てていいよという申し出を断って、彼女の出勤に合わせて宿に戻った。

「今夜も来ていい？」

「もちろんよ」

別れ際に約束した。宿に朝帰りすると住人たちが「ＪＯＪＯさん、どこ行ってたんですか？」とニヤニヤしながら質問してきた。当時宿にいたメンバーには、ある程度、自分の素性と旅の目的を話していた。

ここは有名日本人宿。癖のある旅人が集まってくる。日本人で夜遊びする旅人はそれほど多くない。大抵の旅人は、夜は外出もせず宿でだらだら話しながら飲んでいる。風俗好きは少なからずいるが、現地の素人女性を落としてやろうなんて頭のおかしい旅人はほとんど見たことがない。それでも、質問責めにしてくるあたり、みんな興味はあるみたいだ。

約束通り、彼女の仕事が終わる時間に合わせて直接家に向かった。この夜から彼女は自分の性癖を表現してくるようになった。昨夜と同じように彼女はシャワーを浴びて、昨夜と同じように僕は電球が切れた暗い部屋で待ち、昨夜と同じように彼女は荒々しくフェラをした。

「ねぇ……口でいける？」

「うん。どうして？」

「このまま口に出してほしいの」

5分ほどで口の中で果てたが、彼女はそれを吐き出すことはなかった。

「わたし、飲むのが好きなの」

セックス三昧の居候生活

いつまでビシュケクにいるか聞かれた。ビシュケクには特に観るところもないし、このあと行く予定の国のビザも既に揃っていた。

「それなら宿を引き払って、うちに来たら？」

ビシュケクにもう用はなかったが、誘いに乗ることにした。宿をチェックアウトして、大きな荷物を持って彼女の部屋に移動した。

この日からMの家で過ごす日々がはじまった。

「痛めつけられるのが好きなの」

「それはスパンキングとか噛んだりとか？」

「それも好き。でもいちばんは首を絞められることかな。そうするとイキやすいみたい」

挿入しながら首を絞めると、苦しそうに表情をゆがめながらも快感でヒクヒクする彼女は紛れもない変態だ。数分で絶頂に達した。

「変態」の意味を教え、この日からお互いに「You are hentai」とからかうようになった。もっともっと求めてくる彼女の首筋や内腿は青あざだらけになっていった。

Mとは毎晩セックスした。彼女が仕事の合間の短い休憩時間に部屋に戻ってくると、その間にもした。必ず口に出し、彼女はそれを一滴残らず飲み干した。

泊めてもらってるお礼もこめて、毎晩夕食を用意した。それが1日の中で唯一のやることだ。それ以外はネットしたり漫画を読んだり、だらだらと過ごした。堕落した日々。時間はいくらでもあるのに、なぜかブログを書く気にもならなかった。

朝仕事に出掛ける彼女を見送るとすぐにビールを開け、お腹が空いたら冷蔵庫にあるものを適当に料理をして食べる。唯一の外出は夕方スーパーや市場に買い物に行くこと。帰宅時間に合わせて料理を仕上げ、夕食後には彼女を抱く。お金はもらってないけど、ヒモってこんな感じなのかなと思った。

ご飯にしてもセックスにしても、Mの嬉しそうな顔を見るだけで幸せだった。目的もなくなにもせず一日を過ごし彼女を抱く。そんな日々も悪くなかった。

深みにハマる

このままだとどんどんダメになっていく気がした。

気がつくと家に転がり込んでから10日も経っていた。どんどん感情移入していく自分がいたし、彼女も同じように見えた。

この頃から、顔をじっと見つめるとMは照れるようになっていた。

「私、どうしたんだろう……。こんなシャイなはずないのに……」

確かにそういうタイプの女ではない。ナンパしてきた男に「5分やるから楽しい話をしてみろ」と真顔で言うような女だ。

2、3日だけ泊めてもらって次の国に移動するつもりが、終わりが見えなくなっていた。ビシュケクから移動するのがどんどん億劫になっていった。

前に進まなきゃ。何度もそう思った。それでもMと過ごすセックスと堕落した日々から抜け出せなくなっていた。どんな生活をしていようが、誰からも文句を言われることはない。

「好きなだけいてくれていいのよ」

そう言ってくれてはいたが、長くなればなるほど別れが辛くなるだろう。付き合うとかそんな話を口にすることは一度もなかった。

「もっと一緒にいたい」と言うと、

「あなたの旅行はまだ続くし、遅かれ早かれ出ていくもんね」

と、自分に言い聞かすように繰り返し答えた。

「いつ出発するか決めた？」

「分からない」

このやりとりを何度繰り返しただろう。なにもせずに家にいる僕に対して申し訳ないと思っていたようで、仕事が忙しくてどこにも一緒に行ってあげられなくてごめんね、と何度も謝られた。

「いつでも戻ってきて」

ビシュケクで取得したビザの期限が迫っていた。これ以上ここにいるとビザを無駄にすることになる。

家を出ることに決めた。

「あなたのことを忘れるのは難しいわ」

彼女の目から涙がこぼれた。

最終夜。抱き合って眠ろうとした。

彼女はやはり泣いているようだった。翌朝の出発が早かったので早く眠りたかったが、なかなか眠れなかった。セックスすることなく時折会話をしながらただベッドで抱き合っていた。

ウトウトしているとアラームが鳴った。6時半。1時間後には出発だ。

少しすると彼女の携帯が鳴った。偶然この日に僕と同じ長距離バンに乗る予定の彼女の友だちがいたため、その友だちと待ち合わせをしていた。

「出発が1時間以上遅れるって」

時間ができた。

「まだ眠いよね？　もう少し寝る？」

「寝ない」

いつものように首を絞め上げると、喘ぎ声とうめき声が混ざりあったような声を絞り出した。

最後のセックスを終えて家を出た。Mはバスターミナルまで一緒についてきてくれた。

友だちと合流して別れの時間がやってきた。

「身体にくれぐれも気をつけて旅を続けてね。楽しんで」

彼女は「See you again」とは言わなかった。

「君もね。仕事大変だと思うけど毎日楽しんで」

僕も「See you again」とは言わなかった。会おうと思えばすぐに会うことだってできる。でもそれが実現する可能性が低いことは口にせずとも分かっていた。言葉にしなくてもお互いに察する。そういうところが心地良かったし好きだった。

Mは友だちがいる前にもかかわらず涙を流した。最後はきつく抱きしめ合ってバスに乗り込んだ。


離れて数日後にメッセージが届いた。

「あなたがいなくなって、部屋が空っぽに感じる」

「あなたを失うのは辛い」

「私はここで待ってるからいつでも戻ってきて」

そして数週間後。

「あなたとまた会いたいわ。何度でも。でも、未来が見えないのって、良いことなの？　悪いことなの？　旅を思いきり楽しんでね」

たしかに僕たちの関係に未来は少しも見えなかった。その後もしばらくは連絡を取っていた。綺麗な場所を訪れたらその写真を送ったり、お互いの近況を話したり。

もし旅に疲れたらもう一度キルギスに行こうかな。旅中にそう思える場所ができたことはうれしい。こういう気持ちがお互いに長続きしないことは十分理解している。それでも彼女となら……。一方的な感情かもしれないが、そう思った。

KYRGYZSTAN

キルギスまとめ

危険度：★★☆☆☆☆☆☆☆☆

治安は良好だが、警察には注意。警察官が外国人に因縁をつけてお金を騙し取る行為が横行している。

美人度：★★★★★★☆☆☆☆

キルギスの女の子はロシア系とアジア系に分かれている。風俗ではアジア系のほうが、若くてかわいい女の子が若干多い印象。

満足度：★★★★★★★★★★

女の子の家に転がり込んでセフレのような恋愛のような関係に発展したのはとても貴重な経験だった。

衝撃度：★★★★★★★★☆☆

保守的な文化のキルギスでこのような体験ができるとは思っていなかった。

予算／オプション

〇市場とスーパーで買い物してご飯を作ってあげるお金のみ

旅の気づきとポイント

ビシュケクには風俗サウナがあり、ロシア人と手軽に遊べる。物価が安いため、長期滞在する沈没型の旅人が多い。

WORLD SEX TRIP 44

インドネシア

ポスト・タイ最有力！コスパ最強の風俗天国ジャカルタ

ジャカルタ風俗の魅力

海外風俗といえばタイ。そう断言できるほどタイの風俗は日本人に人気だが、近年夜遊びの価格上昇が激しいことから、海外風俗好きのタイ離れが進んでいる。そんなタイの次に流行する風俗スポットとして注目されているのがインドネシアのジャカルタだ。

ジャカルタ風俗最大の魅力はコストパフォーマンス。そこそこ綺麗な部屋で若くてかわいい女の子と3000円以下で遊べてしまう風俗がたくさんある。貧困街置屋、ローカル置屋、ホテル置屋、パラダイススパ（ソープランド）、援交バー、KTV、ローカルディスコ、立ちんぼなど遊びの種類も豊富。

イスラム教徒が多いため、タイやフィリピンのように大っぴら

ジャカルタにある「MULIA HOTEL」の援交バー。一見普通のバーだが女の子は全員プロ。

に夜遊びスポットが営業しているわけではないが、女の子の数がとにかく多い。整形や豊胸はまだまだ少なく、天然巨乳の女の子が多い。細身で巨乳のグラビアアイドル並みのスタイルの女の子も珍しくない。

一般的に風俗の値段と女の子のレベルは比例しているものだが、ジャカルタでは安い店でも若くてかわいい子がいるのも特徴のひとつ。アジアの風俗好きにはジャカルタに通い詰める人も少なくない。

高級ホテルの援交バー

援交バー、出会いバー、出会いカフェ、売春バー。いろんな呼び方があるが内容はすべて同じ。援交したい女の子が客を求めて集まるバーやカフェのことを言う。

ジャカルタ南部にあるCJ's Barもそのひとつ。MULIA HOTELという高級ホテルの中にある。入場料代わりにドリンクを買う。もっとも安いビール、ハイネケンドラフトが20万ルピア（約1600円）。インドネシアの物価からは考えられないほど高い。

入店すると女の子からの視線が飛んでくる。高級ホテルだけあってレベルはそこそこ高い。たまたま話しかけた香港人男性が常連らしく、アドバイスしてくれた。

「値段は100〜150シンガポールドル（約8000〜12000円）だ。『ドル』とだけ言うとい い。アメリカドルって勝手に勘違いするかもしれないからね、ハハハ」

※米ドルのほうがシンガポールドルよりも価値が高い

※1シンガポールドル＝約80円／1USドル＝約110円

「時間は1時30分がベストだ。暇してる女の子とディスカウントの交渉ができる」

役に立つ情報をたくさんくれる社交的な紳士だった。

「ちょっと一緒に行こうよ！　知り合いの女の子紹介するから」

彼が向かった先にはふたりの美女。紹介してくれて話してみると、英語も堪能だった。ジャカルタではかなり珍しい。

店内にいる女の子はほぼ全員プロ。女の子、特にハイレベルな子ほど自分から話しかけてこないので、男性側からアプローチする必要がある。コミュ力と語学力が求められるので日本人よりも欧米人向きな印象だった。

世界最大のイスラム教徒数を誇るインドネシアの高級ホテルが売春の巣窟になっているのは興味深い。一見の価値ありだ。

貧困街置屋

ジャカルタでもっとも衝撃を受けたのが、線路脇置屋、通称「ロイヤル」。巨大な貧困街置屋だ。ジャカルタ北部のコタ地区にあり、マンガブサールというコタの中心地から北西に3、4キロほどの場所にある。

バイクタクシーで近くまで向かい、入口を探した。治安が悪いと聞いていたが、それほど嫌な雰囲気は感じない。入口がわからず、真っ暗な路地に迷い込んだ。人気がまったくない。路地を進んでいくと右側に階段が見えたので上がってみると、線路沿いに出た。

目が慣れるまで何も見えなかった。人がたくさんいる気配はする。ザワザワと話し声が聞こえてくる。線路から至近距離にあるチラチラと電飾がついた小屋。これが置屋だ。（カラーページP7に写真あり）

線路の石に足を取られながらウロウロしたが、この暗さでは女の子の顔を判断するのはまず不可能。年齢すらわからない。線路と線路の間にテーブルが出て、線路上で酒盛りが行われている。この真横を電車が一切スピードを落とすことなく通っていく。一歩間違えれば死ぬ。と言っても、電車が近づいてくると、避けるために周囲の人が動くのと、懐中電灯をクルクルまわして合図してくれる人がいるので、気づかないことはないだろう。

登ってきたほうとは線路を挟んで逆側に降りると、女の子が所狭しと座っていた。100人以上いる。通路を歩いていくと女の子や客引きにつかまる。良く言えばフレンドリーというか、言葉も一切通じないのに腕をつかんできたり、強引な輩もいる。

雰囲気はまるでスラム街。ただ、不思議と危険な感じはしない。

女の子を選んで小屋の中から2階に上がった。値段は15万ルピア（約1200円）。万年床のような薄っぺらい布団。倉庫のほうがマシじゃないかと思える部屋。想像を絶する汚さ。劣悪という表現がピタリとハマる。シャワーなどもちろんない。この環境で勃起してセックスできるだけで、ある意味異常なタイプだ。サクッと遊んで部屋を出ると、別の女がドアを開けっ放しにして用を足していた。

このような場所には海外風俗初心者は行くべきではない。言葉が通じない、劣悪な衛生環境、治安の心配など、理由を挙げるとキリがない。もし行くなら、絶対に目立つ行動をとらないこと。地元民向けの夜遊びスポットで大声で騒いだり横暴な振る舞いをするとトラブルの元。輩のような少年たちもたくさんいた。

と、ここまで書いてきたが、その心配はなくなった。警察の摘発を受けて潰れてしまったのだ。近年（2020年6月現在）、ジャカルタ州知事は風俗閉鎖に乗り出しており、今後も摘発が続くのかもしれない。刺激的な風俗がなくなってしまうのは残念だが、時代の流れには逆らえない。

そのうち行こうと思っていた場所が摘発でなくなってしまうのはよくある話。行きたいところがあるならすぐに行動を起こしたほうがいいと改めて思った。

INDONESIA

インドネシアまとめ

危険度：★★☆☆☆☆☆☆☆☆

強盗被害の話を聞いたことがあるが、滞在中は夜中でも特に危険は感じなかった。バイクタクシーがとにかく安いので移動に使うとよい。

美人度：★★★★★★☆☆☆☆

平均的な見た目だが、人数が多いのでどのレベルの店で遊んでも若くてかわいい子がいる。整形が少なく、天然巨乳でスタイル抜群の女の子が多いのは魅力。

満足度：★★★★★★★★★☆

安い置屋なら1000円ちょっと、綺麗なところでも3000円弱で若い女の子とセックスできてしまうコスパは最強。

衝撃度：★★★★★☆☆☆☆☆

世界でもっとも多い2億人のムスリムがいる国で性産業がこれだけ盛んなのは驚き。

予算／オプション

○援交バー…100万～150万ルピア（約8000～12000円）
○線路脇置屋…15万ルピア（約1200円）

旅の気づきとポイント

セックスのコスパを求めるならジャカルタは一押しだが、昼間はまったくすることがないのが難点。ジャカルタはティンダーで素人の女の子をゲットしやすいことでも有名。女の子と遊ぶためだけに行く街。

WORLD SEX TRIP 45

フィリピン

韓国人のセックスリゾート・プエルトガレラの日本人嫌いの女の子

プエルトガレラ

「今日の客、おじさんばっかり。助けに来て！」

だらだら滞在しているうちに仲良くなったゴーゴー嬢からそんなメッセージが届くようになった。

マニラから出稼ぎに来た彼女の初対面の印象は他の子と違った。目を合わせて来たり、笑顔を向けて来ることはない。ただつまらなそうに座っている様子が気になって、ママさんに頼んで席に呼んでみた。

「韓国人？」

「いや、日本人だよ」

プエルトガレラのサバンビーチは小さな港町。

「私、日本人嫌いなの」

日本人を目の前にして冷たい目線を向けてくるのが余計に気になった。

プエルトガレラはマニラから南に向かってバスで3時間、フェリーに乗り換えて1時間ほどの場所にある。サバンビーチと呼ばれる小さな村は韓国人に有名なダイビングスポットだ。10分で歩いて回れる小さい村の商店でソジュ（韓国の焼酎）やキムチが売っていることに驚いた。

嫌韓の日本人は多く、YouTubeでも韓国を取り上げると必ず嫌韓コメントがつく。政治的、歴史的背景があり、仕方ない部分はあるだろう。僕の父は嫌韓で、韓国関連のニュースを見るたびに文句を言い、時々韓国に遊びに行く僕を心配している。あくまで個人の経験の範囲だが、世界一周中も含めてたくさんの韓国人と交流してきて、彼らに嫌な思いをさせられたことはこれまでに一度もない。

さて、話が逸れたが、サバンビーチでダイビングと並んで有名なのがゴーゴーバー。小さな村に9軒ほどのゴーゴーバーがある。値段が安く素朴で優しい女の子が多いので、日本人の間でも知られるようになった。

ダイビングに興味がないと、この村で昼間にやることはほとんどない。宿でパソコンをいじるか、晴れた日にはビーチでぼーっとしながら過ごした。

プエルトガレラのゴーゴーバーは全長100メートルほどの小さな商店街に並んでいる。場末感がある老舗の店とゴーゴーバーらしい新しい店の2種類があるが、バーファイン、お持ち帰りは古い店が4000ペソ（約8000円）で、新しい店が3000ペソ（約6000円）。古い店のほうが高いのが不思議だった。

こっそり部屋から逃げる女

夕方になると韓国人の狩りがはじまる。彼らは開店前から店に押しかけ、すぐに女の子を連れ出していく。音楽も鳴ってないゴーゴーバーで女を選んで、まるで置屋のような遊び方をしてなにが楽しいのか。見た目がいい子を確保したい気持ちは分かるが、競争するような遊び方は好きじゃないので、自分のペースでだらだら飲んでいた。

最初に遊んだのは働きはじめてまだ6日目の子だった。店内ではドリンクをご馳走しようとしても「要らない」と一杯も飲まない不思議な子。

連れ出してレストランで食事している時はアーンと食べ物を口に運んでくれたり、終始笑顔でノリがよかった。いい子に当たったな。そう思っていた。

ところが、部屋に連れて帰ると途端に「眠い」と言って寝てしまった。まだ何もしていない。まぁ起きてからすればいいか……。そう思って僕も寝た。明け方、ゴソゴソ音がして目を覚ました。薄目を開けて様子を見ていると部屋を出て行こうとしている。

慌てて引き止めた。

「4000ペソも払ったのに何もしないで帰るっておかしいよね？」

正当な主張のつもりだったが、ふてくされている。

「いいよ。分かった。ママさんに全部話すから」

この一言で態度が変わった。

「ソーリー」

服を脱ぎはじめる。

「もうやる気しないから帰っていいよ。ママさんに話しておくから」

ママさんに知られるのは困るのか、泣きそうになっていた。女の子とこんな風に揉めるのは久しぶりだった。

「仕事終わったら行ってもいい？」

次に遊んだのが彼女だった。

声をかけても全然乗り気じゃないし、目を合わせてもすぐに逸らす。そんな様子がやけに気になった。日本人とわかるとあからさまに嫌な顔を向けてきた。理由を聞くと、どうもこの店では日本人の評判が悪いらしい。過去にトラブルを起こした日本人でもいたんだろうか。彼女自身は日本人の客を取ったことはないと言っていた。話してるうちにだんだん打ち解けてきたので、あまり期待せずに連れ出してみることにした。

商店でビールとお菓子を買って部屋に向かった。最初の塩対応はどこへやら。すごくいい子だった。セックスは献身的で仕事感がない。すっかり打ち解けた彼女は笑顔を向けてくれるようになった。

次の夜から連絡がくるようになった。客が年寄りばっかりだから助けに来てほしい。そんな内容だった。

客を選んでいて、年齢が高い客は取らないらしい。気になったのでお願いに応える形で連れ出した。

店から連れ出す時以外にも、彼女は部屋に来るようになった。他の客との仕事を終えてから来ることもあった。セックスはもちろんするけど、それ以上に一緒にいて居心地が良かった。お互い口数は少ない。気を使って会話する必要がなく、沈黙でも気まずくならない関係。心地よい時間を過ごせた。

毎回別れ際にお金を渡していたが、途中から受け取らなくなった。

プエルトガレラを出る前日。

「仕事終わったら部屋に行ってもいい?」

深夜に連絡がきた。朝6時過ぎにノックの音で目を覚ました。韓国人の客と一緒にいたらしい。ベッドに寝転んで他愛もない話をした。添い寝するだけで、この日はセックスしなかった。

出発の時間になると船着場まで一緒についてきて、水を買ってくれた。フェリーが出発するギリギリまで船着場に立ってこっちをみていた。

世界中で遊んできて、思い出に残る街とそうでない街がある。思い出に残る街には決まって良い出会いがあって、街の風景とともにその相手を思い出す。プエルトガレラの思い出は間違いなく彼女だ。いったい僕に何を求めていたんだろうか。元気にしてるといいな。

PHILIPPINES

フィリピンまとめ

危険度：★★★☆☆☆☆☆☆☆

東南アジアでもっとも治安が悪いと感じたのがマニラ。とはいえ、昼間はどこを歩いても特に問題なく、中南米やアフリカの大都市と比べるとかなり安全。

美人度：★★★★★★☆☆☆☆

タイやジャカルタと比べるとレベルは少し落ちる印象。スペインの血が強い子は美人。高級 KTV にはかわいい子が多い。

満足度：★★★★★★★☆☆☆

プエルトガレラのゴーゴーバーは格安。陽気な明るい性格の子が多い。

衝撃度：★★★☆☆☆☆☆☆☆

韓国人街のようなエリアがあり驚いた。

予算／オプション

〇ゴーゴーバー…ロング総額 3000 ～ 4000 ペソ（約 6000 ～ 8000 円）

旅の気づきとポイント

コピーノ（韓国男性とフィリピン女性の間にできた子）が社会問題になっていると聞く。生でセックスして妊娠すると連絡を絶ってしまうケースが多いんだとか。プエルトガレラの他、アンヘレスの歓楽街にも韓国人客が多い。

WORLD SEX TRIP 46

ブルネイ

人口40万の金持ちイスラム国家で風俗探し

イスラム＝危険？

国教はイスラム。売春なんてもってのほか。なぜそんな国にノコノコやって来たかというと、ただの興味だった。

国教がイスラムの国には今まで何度か行ったことがある。例えばイランとパキスタン。イスラム＝テロ、危険とイメージする人が多いだろう。実際には、イスラムの国は基本的に治安が良くて人もすごく優しい（治安については一部紛争地域を覗く）。

世界一周中にいろんなイスラム教の国を周って、僕は旅するだけならイスラムの国を好きになった。

ブルネイが世間であまり知られてないことも訪れた理由のひとつだった。ボルネオ島の一部にあるブルネイはマレーシアに国土

市場も清潔。東南アジアとは思えない。

が囲まれており、旅人でも行く人は少ない。観光客が少ない国は良い国が多い。例えばアフリカのスーダンには観光客がほとんどいないが、人が優しくて大好きになった。

お金持ち国家ブルネイ

ブルネイに来てまず思ったのは、街中どこもかしこもすごく綺麗だということ。東南アジアとは思えない。ゴミは落ちてないし、道路はガタガタじゃないし、走ってる車もほとんど綺麗だ。日本なら100%車検を通らないレベルの車がガンガン走っている他の国とは全然違う。これはおそらく、国がお金持ちだからできること。ブルネイの経済は、天然ガスと石油で潤っているらしい。ウィキペディアによると、2015年のひとり当たり国民総所得（GNI）は37320ドルで、日本を上回ってアジアではシンガポールに次ぐ高所得国となっている。人口はたったの42万人。街がゴミゴミしていないのも印象が良い。

ブルネイの物価は高い。ボロ宿のドミトリーが18ブルネイドル（約1450円）、シングルは30ブルネイドル（約2400円）。ブルネイには安宿がほとんどない。旅行者は少ないし、需要がないんだろう。タクシーも安くて5ブルネイドル（約400円）、夜だと距離関係なく15ブルネイドル（約1200円）ほどはかかる。宿やタクシーが高い一方で、庶民向けのものは安い。例えば飯。ブルネイに着いて最初に見つけ、気に入って通い続けた食堂は、ぶっかけ飯とミネラルウォーターで3ブルネイドル（約240円）だった。

治安も良くて、真夜中に人がいない場所を歩いても、僕の感覚では全然問題ない。酒がないことが治安の良さに影響してそうだが、強盗などの犯罪は少ないらしい。

国境で風俗調査

事前につかんでいた情報は、マレーシアとの国境の街に風俗があるということ。

ローカルバスに乗り込んで国境に向かった。街を少し離れるだけで、すぐに緑が広がっている。40分ほどで国境に着いた。

ブルネイの風俗は正確に言うとブルネイの中にはない。国境を越えたマレーシア側にある。マレーシアでは酒が飲めるため、ブルネイ人はわざわざ酒を飲むためにこの国境までやってくる。そこに風俗もあるってことだ。

国境を越えて歩いていくと、すぐにローカル酒場が見えてきた。フードコートのような建物の中にレストランや酒場が入っている。情報収集するために、酒を飲んでいる中国人らしき見た目の男に話しかけてみた。

J「リンバンてここから遠い？」

この先にあるリンバン（Limbang）という街に風俗があると聞いていた。

中国人風の男「車で45分〜1時間くらいかな。なんにもないから、わざわざ行かなくていいよ。行くならコタキナバル（マレーシアの海岸都市）まで行かないと」

コナキタバルまでは4、5時間かかるらしい。

中国人風の男「とりあえずビール飲みなよ！　ほら！」

ひとりで飲んでいる酔っ払いと思っていたが、奥さん連れだった。なぜか一緒に飲むことになった。

中国系ブルネイ人夫婦

彼らは中国系のブルネイ人夫婦だった。せっかくなのでブルネイのことをいろいろ聞いてみた。

お酒はブルネイ内では売っていないが、持ち込むことはできるらしい。ただ、缶12本とボトル2本だけ。自分で飲む分のみOKと決まっている。彼らのような中国系のブルネイ人は国民の10％ほどいて、ムスリムではない。イスラムが国教の国に非イスラム教徒が住むのは大変だろう。

話の途中で「ところで君、こんなところでなにしてんの？」と聞かれた。辺鄙な国境にバスでやってきてウロウロしてる外国人を不思議に思うのは当然。正直にナイトライフのリサーチをしていると伝えた。

旦那「ちょっと待っててくれ」

周りの人に話しかけて情報を集めてくれている。さらに、僕を乗せてくれる車まで探してくれている。知り合ったばかりの外国人の風俗調査のためにここまでやってくれるなんて感動するレベルで優しい。

旦那「夜になったらあっちに女の子がいるみたいだぞ！」

ついに発見！

この時点でまだ夕方。夜となると首都のバンダルスリブガワンまで帰るバスはない。18時が終バスだった。

J「この辺て泊まるとこあるのかな?」
旦那「知らん。女買えばついてくるんじゃない? ははは」
夜までまだしばらく時間があったので、ブルネイ人夫婦とそのまま飲み続けた。ブルネイ人夫婦「お腹空いたから、ご飯行こうよ」

飯に誘ってくれた。マレー風中華料理なのか、今まで食べたことがない変わった料理を楽しんだ。なんとなく予想していたが、会計を払おうとしてもお金を受け取ってくれなかった。
旦那「よしっ! じゃあ女の子のとこに連れてってあげるよ!」

なんて優しすぎる夫婦。軽蔑されてもおかしくない状況だが、奥さんもニコニコ笑顔を向けてくれる。車に乗り込んで走ること数百メートル。ドアが閉まっているのに外まで爆音が漏れているバーがあった。

外にいたスタッフは英語を話せたので、システムを確認すると、女の子を連れ出してセックスできるバーだった。

物価・所得が高いブルネイ価格だけあって、料金はまあまあ高い。薄暗い店内には飲んでいるグループが1、2組。入り口の近くには女の子が4、5人座って待機している。見た目はイマイチだったが、ここブルネイで風俗を見つけたことに意義がある。正確にはマレーシアだが、近隣の街リンバンまでは車で1時間かかる。マレーシア人がこんな辺鄙なところまで遊びには来ない。つまり、ここはブルネイ人が息抜きに来る場所。ブルネイの風俗と言っていいだろう。そう勝手に解釈することにした。

久しぶりの旅気分

遊ぶ気分にはならなかったので、退散することに決めた。発見しただけで満足してしまった部分もある。

車に戻ると「あなたこれからどうするの?」と。夫婦の家は首都のバンダルスリブガワンではなく、ツトン(Tutong)という街だった。方向が違う。

J「国境越えたところで下ろして! バスはないけど、なんとでもなるから」

暗いとはいえまだ21時。この国の人は優しいいし、なんとかなるだろう。ヒッチハイクしたってよい。

旦那「いや、送ってくよ」

J「いやいや。方向違うじゃん。悪いよ」

旦那「バンダルスリブガワンに寄っても30分くらいしか変わらないし、大丈夫だよ。行くよ!」

本当に申し訳なくなるほどに優しい。こういう展開になるんじゃないかって、少し期待してはいたが。

バンダルスリブガワンに着いて、お礼にカフェに誘ってコーヒーだけご馳走させてもらうことにした。せめてもの感謝の気持ちを伝えたかった。

綺麗なカフェに入って、またおしゃべりを続ける。

旦那「そういえば、パタヤに出張で行ったことあるよ」

嫁「聞いてよ。この人、タイでオカマ買ってるのよ!」

旦那「おい! やめろ(笑)」

夫婦漫才がはじまった。

嫁「あなたもオカマと遊ぶの?」

J「うーん……たまに。写真見る?」

嫁「本当!? 見る見る!」

タイで遊んだレディーボーイの画像をいくつか見せた。

嫁「綺麗ね」

J「綺麗な子が多いよ。みんなじゃないけど」

嫁「ナイトライフのリサーチが仕事って言ってたけど、セックスすることもあるの？」

J「うん、あるよ」

嫁「それは大変ね」

J「全然！　ほぼ趣味だから（笑）」

30分ほどお茶して、今度こそお別れすることになった。精一杯お礼を伝えて、最後にハグして別れた。

ブルネイでは夜22時くらいになるとほとんどの店が閉まり、街の中心でも真っ暗になる。宿に向かって暗い道を歩いていると、小腹が空いてきた。そういえば、さっきのカフェの近くにファストフードがあったような気がする。戻ってみると、別れたばかりの夫婦がファストフードの列に並んでいた。別れてたったの5分で再会。

嫁「お腹空いちゃった？　私たちも（笑）。はい、これ食べて」

チキンとライスが入った袋をくれた。最後まで優しすぎる夫婦。本当に良い出会いだった。

ブルネイで風俗を発見できたこともそうだが、なんだかとても充実した気持ちになった。それはきっと、久々に「旅してる感覚」が戻った気がしたからだ。帰国せずに長期で世界一周していた時と比べて、短期旅行を繰り返していたこの時は、旅をしている感覚が薄かった。観光することはほとんどなくなったし、宿にこもって作業したり、ジムで筋トレしたり、旅というよりは生活している感覚になることが多い。地元の人と今回のように交わる機会もめっきり減った。

世界一周旅を思い出し、懐かしくなった。

BRUNEI

ブルネイまとめ

危険度：★☆☆☆☆☆☆☆☆☆

日本以上に治安が良いかもしれないと感じた数少ない国。

美人度：★★☆☆☆☆☆☆☆☆

マレー系のブルネイ人は日本人の好みには合わない。

満足度：★★★★★★★☆☆☆

風俗のクオリティや値段はさておき、イスラム教が国教の戒律が厳しい国で風俗調査して、見つけられたことに満足。

衝撃度：★★★★★☆☆☆☆☆

何もない国境の小さな繁華街にポツンとある風俗は興味深い。

予算／オプション

○飲み代…1時間30ブルネイドル（約2400円）
○連れ出し…1時間100ブルネイドル（約8000円）
○オールナイト（24時〜朝9時）…280ブルネイドル（約22400円）
○ホテル…1泊30ブルネイドル（約2400円）

旅の気づきとポイント

特に観光スポットもないブルネイにはよほどの物好きしか行かないだろう。観光客が少なく人が優しいので、マイナーな国が好きなら楽しめるかもしれない。

WORLD SEX TRIP 47

中国

壮大なゴビ砂漠のど真ん中で青姦！・夜の敦煌ツアー

シルクロードのオアシスで

「砂漠で女の子と遊べますよ」

カタコトの日本語を話すその男はニヤニヤしながらそう言った。

現地ツアーのメニュー表でひとつだけ料金が空欄になっていた。

それが「夜の砂漠ツアー」だった。


ウイグル自治区にも近い中国奥地にある敦煌《とんこう》は、かつてシルクロードの分岐点として栄えたオアシス都市。日本からの観光客もたくさん訪れている。近くには莫高窟《ばっこうくつ》や鳴沙山《めいさざん》、月牙泉《げつがせん》などの有名な観光名所があるが、興味が湧かなかったので街をうろついていた。

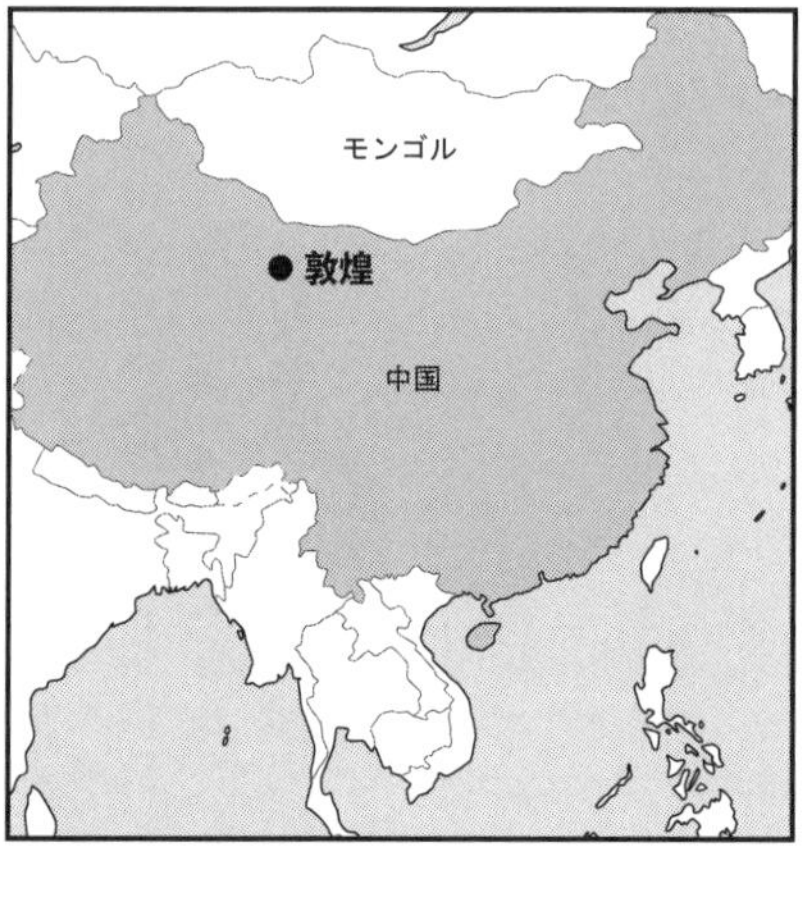

「オニイサン！　ニホンジン？」

話しかけてきた男はレストランの勧誘だった。普段なら相手にしない。ただ、この時は腹が減っていたのと、男の日本語が思ったより流暢だったので話を聞いてみることにした。

レストランのメニューを見せてもらうと悪くなさそうだ。休憩がてらそこで食事することにした。

「一緒にビール飲みましょう！」

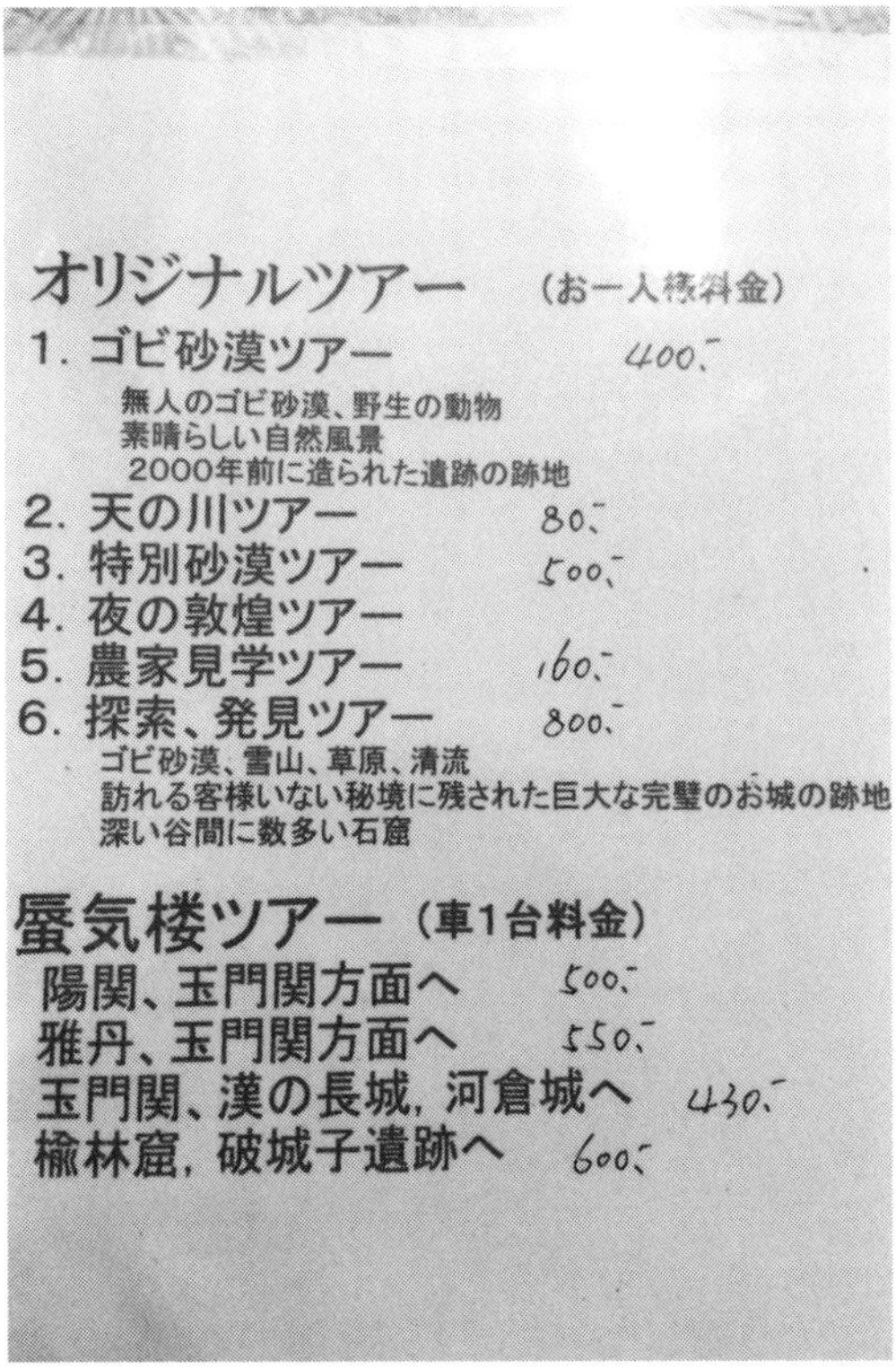

男が持っていたメニュー。「夜の敦煌ツアー」だけ値段が書いていない。

男は仕事を放ったらかして同じテーブルについた。話を聞くと、このレストランの経営と日本人向けの観光ガイドをやっていた。どこから持ってきたノートには、客が残したツアーの感想が日本語で書かれていた。

「〇〇さんのツアーは最高！」

「信用できる人です！」

男を褒める感想がずらり。なるほど、ツアーを勧めたくて話しかけてきたわけか。あいにくだが観光ツアーには興味がない。正直にそう伝えた。

「そうですか。それならこのツアーはどうですか？」

そこには「夜の敦煌ツアー」と書かれていた。

砂漠でセックスできる裏メニュー

「どういう意味？」

「女の子と遊べます」

なるほど。風俗の斡旋でもやってるのか。詳しく聞いてみると、砂漠に女の子を連れて行って、そこでセックスできると。口コミノートを開き、夜のツアー参加者からの感想を見せてきた。

「あんなところでできるなんて感動です。◯◯さんありがとうございました！　夜のツアー最高です！」

警察の取り締まりが厳しいから、知り合いのママに頼んで女の子を手配する。運転手と女の子と一緒に夕方砂漠に行く。運転手と一緒に車で待っているから、あとは好きにしていい。そんな話だった。おそらくデリヘルのようなことをしてる業者がいるんだろう。そこから女の子を呼んで砂漠に連れていくと。

「かわいい女の子いるの？」

「ノート見たでしょ？　日本人が満足してます」

夕方に待ち合わせて、一旦別れた。

派遣されてきた女の子は…

指定の場所に行くと男は車に乗ってやってきた。運転席には別の男がいる。タクシーをチャーターした形だった。

後部座席に乗り込むと車は走り出した。男はすぐにどこかへ電話をかけた。やかましい女の声が携帯の通話口から漏れてくる。

「女の子が決まりました。今から迎えに行きます」

高級ホテルの前で車を止めると、男はもう一度電話をかけた。

すると女がやってきた。隣に乗り込んできたのは、ドラム缶みたいな体型の女だった。走り出した車を慌てて止めた。これはさすがにきつい。苦情を申し立てると、男は女に何か言い、女は車から降りていった。

「わがままですね」

いや、そういうレベルじゃない。

「細くて若い子にしてくれ。それ以外ダメだ」

「わかりました。ちょっと待っててください」

もう一度電話をかけた。やかましい声の女はデリヘル業者のママだろう。街をぐるぐる走り回っていると電話が鳴った。別の女の子を用意できたらしい。

さっきと同じ高級ホテルに戻ると、すぐに女が近づいてきた。確かに若かった。ただ、顔が好みじゃない。自分で選べる風俗ならまず指名しない、ハズレの部類。

「若いし問題ないでしょ？　時間もないし、もう行きましょう」

「他に女の子はいないの？」

「あのですね、女の子は砂漠までわざわざ行きたがらないんですよ。行ってくれる子の中から選ぶことになるから仕方ないんです」

不満な様子を見せていると、ため息まじりにそう説明した。要するに砂漠に行かずに稼げるような容姿の女の子は、ツアーにはブッキングされないってことだ。それなら仕方ない。観念した。

夕暮れのゴビ砂漠で

太陽が傾きはじめた頃、ゴビ砂漠についた。砂丘に夕陽があたって綺麗に輝いている。

「じゃあこの辺で待ってますから、あとは楽しんで。人が来るかもしれないから少し奥まで行ってください」

女の子と一緒に砂丘に向かった。砂丘をひとつ越えると、視界は砂漠だけになった。女の子は中国語オンリー。コミュニケーションがほとんどとれない。

「ここで良い？」

身振りで説明すると理解してくれた。以前、チリのアタカマ砂漠で青姦したことがあったが、夜だったので景色は楽しめなかった。今回はまだ夕暮れ時。目の前には壮大なゴビ砂漠。爽快感がたまらない。

砂丘を降りて待っている車に戻った。

「おかえりなさい、はやかったですね！」

余計なお世話のツッコミに笑ってしまった。

CHINA

中国まとめ

危険度：★★★☆☆☆☆☆☆☆

治安は良いが警察が面倒。風俗店の摘発も多い。検問中に写真を撮ろうとしたら拘束されかけた。

美人度：★★★☆☆☆☆☆☆☆

敦煌で見た女の子は全員残念なルックスだった。女の子は中国語オンリー。

満足度：★★★★★★★☆☆☆

値段やクオリティはともかく、砂漠で中国人女性とセックスできたという一点で満足。

衝撃度：★★★★★★★★★★

ゴビ砂漠でセックスできる風俗があるとは衝撃。

予算／オプション

○ 500 ～ 700 元（約 7500 ～ 10000 円）

旅の気づきとポイント

とんでもなく広くて多民族が暮らす国。沿岸の都市部ではなく、地方を旅すると中国の良さがわかる。反日のイメージが強いが、優しい人が多い。

WORLD SEX TRIP 48

マレーシア

激混みエレベーターはカオス。クアラルンプールのフードコート売春

イスラム教徒が多い国だが…

薄汚れたマンションの中にあるそのフードコートは人でごった返していた。壁際にはやや年齢層が高い女性がミニスカートやホットパンツ姿で立っている。エレベーターは、上の階のヤリ部屋に向かう客と女の子で行列している。異様な光景に胸が高鳴った。

マレーシアにはイスラム教徒が多いながら、いろんなジャンルの風俗店が営業している。日本人にも有名なのがスパ。日本のソープランドのような形で、マカオのスパの簡易版といった感じ。他には、エスコート、置屋、売春ディスコ。そのなかでもっとも

衝撃的だったのがフードコート売春だ。

クアラルンプールには援交目的の女の子が集まるフードコートがふたつある。まず向かったのはグーグルマップで「Richmoore Hotel Pudu」という名前で表示されるスポット。目の前に着くとローカルの市場があり、ゴミが散乱していた。

古びたマンションの中に入って、稼働していないエスカレーターを上るとフードコートに出た（カラーページP6参照）。平日の17時でそこそこ混み合っている。ローカルの値段は40リンギット（約1000円）と事前に聞いていたが、値段を聞いて回るとほぼ全員から80～100リンギット（約2000～2500円）を提示された。

「40？ その額ならあなたのママの年齢の女ね。それか、チキンとでもヤッてくれれば？」

40リンギットなんて冗談じゃない、という反応。飲み物を買って座ってみることにした。ここの客はサクッと回って遊んでいく若者

フードコートの壁際に立つ女の子たち。ここはベトナム人ゾーン。

と、仲間同士で座って酒を飲みながら女を物色しているおじさんグループが多い。混んでいて空いてる椅子がなかなか見つからない。ようやく見つけて、隣にいたしょぼくれたおじさんに許可を得て同じテーブルについた。話してみると英語が上手で意外だった。さらに、こちらが日本人だとわかると、流暢な日本語で話しはじめた。出稼ぎに来ているコンビニ店員よりも上手な日本語を話すそのおじさんは、40年前に日本に留学していたらしい。このフードコートの常連らしく、細かい情報を持っていた。

「この時間帯は年齢層が高い。夜になるとベトナム人の若い子が増える」

「移民は安い。それでも60〜。中国人は80〜だ」

「いちばん女の子が多いのは深夜24〜26時。50〜80人くらいいる」

ふと気がつくと、目の前で喧嘩がはじまった。喧嘩というより袋叩きだ。色黒の青年を中国人風の男が殴りつけ、まわりも加勢している。どうやら荷物を置き引きしたのが見つかってやられているようだ。周りを巻き込んでの鉄拳制裁は実に東南アジアらしい。

丁重にお礼をして別れ、深夜に出直すことにした。

エレベーターで女の子がシェアする部屋へ

24時過ぎに戻ってくると、おじさんの言った通り、激混み。女の子は増えているが、それ以上に男が多い。200人くらいはいるんじゃないか。異様な熱気に圧倒される。出稼ぎの若い女の子が多いと言われるベトナム人エリアの前には若い男たちが陣取って順番待ちになっている。

面白いので座って様子を見ていると、部屋に上がって30分くらいで戻ってくる男が多い。インド・中国・マレー系が入り混じる女の子と客が作るエレベーター待ちの行列はインパクト大。混雑しすぎているので、また出直すことにした。女の子のレベルは決して高くないのに、なぜかまた行きたくなる不思議な場所。

後日、今度は22時頃に来てみた。相変わらず混んでいる。ベトナム人らしき若い女の子と目が合ったので、上を指差して「行く?」と合図した。英語も話せる子で、100リンギット(約2500円)で合意して、上の部屋へ。6階で降りて、鉄格子がかかった部屋に入ると、散らかったキッチンが視界に入ってきた。生活感がすごい。

「何人でシェアしてるの?」

「5人」

同じベトナム出身の子たちで共同生活していて、ひとり一部屋を持ってるみたいだ。シャワーとトイレは共用。マンションの外観よりずっと清潔感があった。いろんなところで遊んでる僕の基準ではあるが。

「シャワーは?」

「私、浴びたけど、浴びたい?」

まぁ部屋で浴びてきたしいいか。全裸になって胸に顔を近づけると拒否された。

「臭くなるから(笑)」

ここは安い値段でなるべく多くの客を回して効率よく稼ぐスタイルの場所。シャワーが面倒だから、できるだけ身体を汚したくないんだろう。仕方ない。諦めて彼女の言う通りあっさりセックスした。温度調節ができず熱いお湯しか出ないシャワーを浴びて2階に戻ると、ちょうど30分経っていた。

じゃあね、と手を振ると定位置に戻った彼女は、すぐさま男に話しかけられ、エレベーターに向かっていった。

MALAYSIA

マレーシアまとめ

危険度：★★☆☆☆☆☆☆☆☆

治安は良好。深夜に歩き回っても問題なし。

美人度：★★★★★☆☆☆☆☆

マレーシアの売春スポットにいるのはマレーシア人ではなく、ほとんどが出稼ぎの東南アジア女性。

満足度：★★★★★★★★☆☆

クオリティ、衛生面などトータルでオススメはしないが、世界的にも珍しいフードコート風俗は貴重な経験。

衝撃度：★★★★★★★★★★

薄暗いフードコートに所狭しと女の子が並んでいるのはインパクト大。アングラ好きなら必見。

予算／オプション

○50～100リンギット（約1250～2500円）

旅の気づきとポイント

マレー人、中国人、インド人が混在するマレーシアの雰囲気は他の東南アジア諸国と違って独特。食事の選択肢が多いのは良い。物価と税金が安く、コンドミニアムなど住環境が整っているため、クアラルンプールに移住する富裕層が増えている。

49 マカオ

海外風俗の定番ともいえるエロサウナがマカオにある。豪華なホテルの中にあり、スーパー銭湯のようにサウナやジャグジーがあって、派手なドレスをきた女の子を指名して遊ぶ。女の子は中国本土や東南アジアからの出稼ぎ。施設は豪華で食事も凝っているので、長時間滞在しても快適。カジノで遊んでサウナでセックスしてと豪遊できるが、料金が年々上がっており、3万円～とそこそこ高い。

50 韓国

数年前からソウルのカンナムで大流行しているのが過激サービスを売りにした按摩だ。日本のソープランドに似ているが、女の子が複数参加してくる乱交プレイや、店によっては他人が目の前でセックスするハプニングバーのような体験もできる。料金は2万円ちょっと。先進国なので値段はそれなりにするが、日本から2～3時間と簡単に行ける隣国で、日本では絶対にできない過激な体験を一度はしてみるといい。

51 香港

ピンポンマンションと呼ばれる置屋ビルが香港風俗として知られている。女の子が借りている部屋を次々に訪問し、ベルを鳴らして顔や料金を確認し、気に入ったら遊ぶという形の風俗だ。女の子は中国本土や東南アジアからの出稼ぎが多い。有名マンションには日本人客も多い。物価が高い国にありながら、ピンポンマンションは6000円程度で遊べてコスパが良い。

52 シンガポール

シンガポールのゲイラン地区には国に認められた風俗街がある。一軒家の中にひな壇があり、そこから女の子を選んで奥の個室で遊ぶ形だ。女の子は東南アジアからの出稼ぎ。タイ、ベトナム、中国人の子がいる。料金は50シンガポールドル（約4000円）〜と、物価に比べて格段に安い。他にもオーチャードタワーという商業ビルの中の援交バーや、SNSを使ってやりとりして女の子の部屋に行くタイプの置屋などがある。

53 カンボジア

カンボジアというとアンコールワットがあるシェムリアップが有名だが、風俗の中心は首都のプノンペン。マッサージパーラー、バービア、売春ディスコ、置屋、立ちんぼなどいろんなジャンルがある。なかでもおすすめはバービア。ビール一杯1・5ドルと格安で飲めて、女の子のドリンクも3・5ドルほどと、隣国タイの半額ほど。スレていない女の子が多く、性格のいい子とまったり飲みたい人にはおすすめできる。

54 ジョージア

ジョージアはキリスト教の国だが、文化が保守的で結婚するまで処女でいることが当たり前とされる国のひとつだ。何度か女の子とデートを重ねたが、いずれも深い関係にもっていくことはできなかった。ジョージア人の知人に聞いてみると、現在でも70〜80％の女性は結婚するまで処女とのこと。ただ、首都トビリシに限れば少し寛容で50％ほどは結婚前にセックスを経験しており、時代と共に変化していることが伺える。

55

パキスタン

イスラム教には「女性は男性の付き添いなしに外出してはいけない」という慣習があり、一人旅している女性の旅行者は売春婦と見なされる。そんな極端な話が本当にあるんだろうか、と今ひとつ信じられずいたが、パキスタンで実際にあった。当時一緒に旅行していた中国人の女の子が、夜になると男からホテルの部屋をノックされ「いくらだ?」と聞かれていた。イスラム教の国を女性が一人旅するのはおすすめしない。

おわりに

世界中の女の子と遊んできて、限られた母数ではあるものの、国を問わず共通している性に対する意識や、国によって違う文化が垣間見えることがあった。彼女たちとのコミュニケーションはただただ楽しかったし、風俗は世界中どこにでもあった。

極端に年齢の低い幼女買春といった闇の部分をこの目で見ることはほとんどなかった。一部地域ではまだあると聞くが、誰でも気軽に遊ぶようになった海外風俗2・0では健全化が確実に進んでいる。僕自身、児童買春や人身売買による強制労働には強く反対しており、本書でも扱っていない。

健全化が進むに連れて大きな風俗街が壊滅したというニュースを頻繁に聞くようになった。中国の東莞、ソウルの588など、有名な風俗街がここ10年くらいの間になくなってしまった。2014年には街中に女の子が溢れていたキューバも、規制強化で現在は前ほど簡単には遊べなくなっている。本書でポスト・タイとしておすすめしたインドネシアのジャカルタでも、政府が風俗摘発に動いていると聞く。そのうち遊びに行こうと思っていた風俗がなくなってしまうのは日常茶飯事。あなたがいつか行ってみたいと考えている場所は、明日にはなくなっているかもしれない。思い立ったらすぐに行ってほしい。

世界は新型コロナウイルスで混乱し、僕も今は日本にいる。2020年6月現在、外出自粛の規制は解除されつつあるが、海外旅行に行けるようになるにはまだ数か月、いや、年単位で時間がかかるかもしれない。気軽に海外風俗に行ける日が戻ってくるのを心待ちにしながら、本書を書いている。

世界には日本人に知られていない国や地域がまだまだたくさんある。100か国旅したとはいえ、世界には200近い国があるためまだ半分だけ。西アフリカやオセアニアの島など、まったく足を踏み入れたことがない地域もある。ラテンの明るい女の子が大好きなので、中南米にもっと長期で滞在してみたいとも思っている。まだ見ぬ楽園を探し求めて、今後も世界中を旅して行くつもりだ。

本書を読んで、あなたがどこか次の旅行先を決める参考になったら、それ以上に嬉しいことはない。もし細かい情報が知りたかったら、ぜひ一度ブログを読んでみてほしい。

最後に、不快に感じる人が一定数いるテーマにもかかわらず、本書の刊行を決断してくださった版元と担当編集の圓尾さんに心より感謝したい。

世界の女が僕を待っている
WORLD SEX TRIP

2020年8月25日　第1刷発行
2024年2月 6 日　第3刷発行

著　JOJO

ブックデザイン　勝浦悠介
カバー写真　明石直哉

発行人　永田和泉
発行所　株式会社イースト・プレス
東京都千代田区神田神保町2-4-7久月神田ビル
TEL:03-5213-4700
FAX:03-5213-4701
https://www.eastpress.co.jp

印刷所　中央精版印刷株式会社

ISBN978-4-7816-1907-1